AF461342

TRAITÉ
JURIDICO-POLITIQUE
SUR LES
PRISES MARITIMES,

Et sur les moyens qui doivent concourir pour rendre ces Prises légitimes.

Ouvrage traduit de l'Espagnol, de Monsieur le Chevalier D'ABREU, Membre de l'Académie Espagnole, & actuellement Envoyé Extraordinaire de S. M. Catholique, auprès du Roi de la Grande-Bretagne.

SECONDE PARTIE.

A PARIS,
Chez la Veuve DELAGUETTE, Imprimeur & Libraire ruë S. Jacques, à l'Olivier.

M. DCC. LVIII.

AVEC APPROBATION ET PERMISSION.

TABLE DES CHAPITRES

Contenus dans la seconde Partie.

CHAPITRE PREMIER.

Fin de la Table de la seconde Partie.

TRAITÉ

TRAITÉ
JURIDICO-POLITIQUE,
SUR LES
PRISES MARITIMES,

Et ſur les moyens qui doivent concourir pour rendre ces Priſes légitimes.

CHAPITRE PREMIER.

Les vaiſſeaux qui ont des Patentes de deux Princes différens, ſont-ils de bonne priſe ?

§. I.

NOus avons vû dès le commencement de ce Traité que les vaiſſeaux armés en Courſe doivent être munis de Patentes de leur Souverain.

§. II.

Il s'agit ici de savoir s'ils peuvent se faire donner des Patentes par deux Princes différens, & s'ils sont de bonne prise dans le cas où ils s'en sont munis. L'affirmative paroît d'abord tout-à-fait naturelle ; car on ne devroit point regarder comme un Armateur légitime, mais plutôt comme un vrai Corsaire celui qui, non content des expéditions de son Souverain, entreprendroit de lui égaler, pour ainsi dire, par la double Patente, tout autre Prince de qui il l'auroit obtenue. Cet Armateur seroit d'ailleurs coupable d'avoir privé son Souverain légitime de l'appanage le plus inaliénable de la souveraineté ; qui est le domaine suprême, exclusif ou indivisible sur ses vassaux.

§. III.

Ce sentiment se trouve appuyé par

des raiſons très-plauſibles ; car perſonne ne peut être à la fois ſujet de deux Princes différens, ni s'engager au ſervice de l'un qu'il n'ait fini ſes engagegemens avec l'autre. Le travail que lui impoſe l'obligation qu'il a de bien remplir ſon devoir à l'égard d'un ſeul maître, fait aſſez voir l'impoſſibilité, fondée d'ailleurs ſur le droit, qu'il y a en ce qu'un Armateur s'aſſujettiſſe en même-tems aux deux Puiſſances qui lui auront expédié des Patentes.

§. IV.

Il faut de plus obſerver que ſi cet Armateur, abuſant des Patentes dont il eſt muni, ſe rend coupable envers les Princes qui les lui auront accordées, il doit néceſſairement ſe ſoumettre à la Juriſdiction de tous les deux ; & par là compromettre & rendre nulle, contre tout droit, celle de ſon Souverain légitime.

§. V.

C'est pour ces raisons que l'Ordonnance des Courses, art. 7 déclare de bonne prise tout vaisseau muni de Patentes de différens Princes, & que si le vaisseau trouvé dans ce cas est armé en guerre, le Capitaine & les Officiers devront en être punis comme des Pirates. Rien de plus dangereux en effet que cette pratique : un Armateur pourroit dans bien des occasions se porter au moyen de l'une des Patentes à des violences que l'autre lui interdiroit, & attaquer des vaisseaux qui ne seroient point à ses ennemis.

§. VI.

Quelque naturelle que soit la défense des deux Patentes, elle souffre cependant ses exceptions. Il est bien vrai que si les deux Princes qui auroient expédié des Patentes à l'Armateur ne ſuivoient pas le même parti ni les mêmes intérêts dans la guerre, il y auroit de grands abus dans leur uſage. En vertu de l'une des deux commiſſions l'Armateur pourroit inquiéter la Nation qui ſeroit en guerre avec le Souverain qui la lui auroit accordée, quoiqu'elle fût en paix avec d'autres dont il auroit également recu des Patentes. Si, par exemple, au commencement de cette guerre (1746) un Sujet des Etats Généraux, alliés de l'Eſpagne, eût été été muni de Patentes par ſa République pour aller en Courſe, qu'il l'eût été en même-tems par l'Angleterre, avec qui nous ſommes en guerre, & Alliée de la Hollande; il eſt évident qu'en vertu des Patentes de la Grande-Bretagne il auroit pû troubler le commerce des Eſpagnols, que les Lettres des Etats Généraux lui auroient enjoint de ne point inquiéter. C'eſt à ce cas qu'il faut rapporter l'article 7 de l'Ordonnance des Courses, & à plus forte raison à celui où les Patentes seroient de deux Princes ennemis.

§. VII.

Mais si les deux Patentes étoient expédiées par deux Souverains qui suivissent le même parti & le même intérêt dans la guerre, comme sont aujourd'hui le Roi de France & Sa Majesté Catholique, l'usage des deux Patentes n'entraîneroit aucun inconvénient, puisqu'elles tendroient l'une & l'autre à la même fin, qui seroit l'affoiblissement & la destruction de l'ennemi commun.

§. VIII.

Ainsi doit être encore interprétée la loi 8, tit. 25, part. 4, qui défend à tout particulier de passer à un second engagement, tant que le premier ſubſiſte. Cette loi ne peut regarder que le cas auquel le ſecond engagement ſeroit préjudiciable au Souverain de celui qui l'auroit contracté. C'eſt-là l'interprétation que lui donne Grégoire Lopez.

CHAPITRE II.

L'Armateur est-il tenu de conduire ses Prises dans le Port où il a armé? Peut-il les conduire où bon lui semblera, soit dans les Ports du Royaume ou dans les Ports étrangers?

§. I.

L'ARTICLE 7 de l'Ordonnance des Courses de l'an 1621 enjoignoit aux Armateurs de ne conduire, & sur-tout de ne vendre leurs Prises que dans les Ports où ils auroient armé. Il ne leur étoit permis de s'écarter de cet ordre que dans des cas pressans, encore falloit-il qu'ils en eussent eu la permission du Vice-Roi, du Commandant, ou du Juge du Port où l'Armement avoit été fait. Ainsi le dispofoit encore la Déclaration du premier Décembre 1709.

§. II.

L'on a dérogé depuis à ces Réglemens, & l'on a permis aux Armateurs de conduire leurs Prises là où il leur seroit le plus commode, vû les dangers, les dommages & les frais qu'entraînoit l'obligation de les conduire au Port de l'armement. Cette disposition contraire aux premiers Réglemens se trouve dans l'Ordonnance de 1702, aux articles 1, 2, & 20; & à l'article 1 de celle de 1718, dont voici les termes. « Les Armateurs pourront » vendre leurs Prises là où leur plus gran- » de commodité leur aura permis de les » conduire; mais autant que faire se » pourra, ils devront l'exécuter dans » les Ports où ils auront armé ».

§. III.

A la vérité la diſpoſition qui enjoignoit abſolument aux Armateurs de conduire leurs Priſes dans les Ports où ils avoient armé, nous paroît un peu trop dure, ſouvent, pour s'y conformer, ils devoient s'expoſer au péril de les perdre. Cela nous mene à croire que même les anciennes Ordonnances ne prétendoient les y obliger que dans le cas où ils n'auroient à craindre ni d'en être dépouillés par d'autres Armateurs, ni de les perdre par la violence d'une tempête.

§. IV.

Notre Droit Royal nous fournit de quoi appuyer cette conjecture. Le Patron ou Capitaine d'un vaiſſeau Marchand eſt obligé d'aller en *droiture* à l'endroit de la deſtination de la cargaiſon, ſans qu'il puiſſe s'écarter de ſa route, ni toucher à d'autres Ports, quand même ce feroit pour y prendre plus de perfonnes, ou d'autres marchandifes, à moins qu'il n'en fût ainfi convenu avec les Fréteurs de fon vaiffeau. Il lui eft également défendu de décharger fa cargaifon dans les Ports où il pourroit toucher, parce qu'il l'expofe au rifque d'être perdue ou égarée. Cependant il peut contrevenir à ces difpofitions, fi la crainte de tomber au pouvoir d'un Corfaire, ou quelque autre raifon de la même force l'y contraint. Dans ce cas il peut auffi vendre au Port où il fe fera réfugié les marchandifes qu'il aura à fon bord, quoique deftinées pour tout autre endroit (*a*).

§. V.

Ce que nous venons de dire regarde

(*a*) Curia Philippica, lib. 3, cap. 11, n. 8.

les Armateurs Eſpagnols. Quant aux étrangers, la loi qui obligeoit les Armateurs François de conduire ou d'envoyer leurs Priſes & leurs priſonniers au Port où ils auroient armé, ſous peine de privation de leurs droits, & même d'une amende arbitraire, a été auſſi révoquée. L'Ordonnance de 1702, concernant les Courſes des Eſpagnols & des François contre leurs ennemis communs, leur permet de mener leurs Priſes par-tout où il leur ſera plus expédient. Dans une autre Ordonnance confirmative de celle-ci, en date du 20 Mars de l'année ſuivante, l'on ſtatua que les Armateurs François qui entreroient avec leurs Priſes dans les Ports d'Eſpagne, & qui feroient exhibition de leurs Patentes, feroient admis avec les effets de leurs captures au commerce du Royaume, ſans qu'on leur imposât aucune charge, ni qu'on leur causât aucun trouble. Tout cela eſt conforme aux articles 15, 16, 19, du Traité fait avec l'Angleterre en 1495; à l'article 4 du Traité de Commerce avec l'Empereur en 1725; à l'art. 30 du Traité de 1604; à l'art. 28 de celui de 1630; à l'art. 7 du Traité du 1667; à l'art. 27 du Traité de l'Aſſiento des Négres, de 1713, tous faits avec l'Angleterre; à l'art. 14 du Traité fait avec le Dannemarck en 1641; & à l'art. 21 du Traité fait en 1714 avec les Provinces-Unies.

§. VI.

Mais comme cette liberté de commerce entre la France & l'Eſpagne cauſoit un préjudice conſidérable au Commerce général de la Monarchie, en ce que les Armateurs François introduiſoient quantité de marchandiſes ſans payer les droits, ſous prétexte que c'étoient des Priſes faites en mer: on ſentit l'abus, & on le corrigea par une Déclaration Royale. Mais, en reſtreignant la conceſſion, cette Déclaration n'ôta pas aux Armateurs étrangers la liberté d'entrer avec leurs Priſes dans les Ports du Royaume, & d'y vendre leurs effets.

§. VII.

L'on peut oppoſer contre ce que nous venons de dire différens articles de l'Ordonnance des Courſes, qui y paroiſſent contraires « qu'aucuns vaiſ-
» ſeaux, dit l'art. 15, pris par des Ca-
» pitaines qui ont une Commiſſion étran-
» gere, ne reſtent plus de vingt-qua-
» tre heures dans mes Ports, à moins
» que le mauvais tems ne les y re-
» tienne, ou que la Priſe n'ait été faite
» contre les ennemis de l'Etat » L'art. 16, dit : « Si l'on trouve dans les Pri-
» ſes conduites dans mes Ports par des

» vaiſſeaux armés en guerre qui auront » des Commiſſions étrangeres, des mar» chandiſes appartenantes à mes Sujets, » ou à ceux de mes Alliés, celle de mes » Sujets ſeront reſtituées, & les autres » ne pourront être miſes dans aucun » magaſin, ni achetées par perſonne, » ſous quelque prétexte que ce ſoit». Les Traités avec la Hollande portent à-peu-près la même choſe, en ce qu'ils ont arrêté qu'on ne donnera point de retraite en Eſpagne aux Armateurs qui auront fait des Priſes ſur les Hollandois, ni dans les Ports de Hollande à ceux qui en auront fait ſur les Eſpagnols.

§. VIII.

Pour accorder ces différens diſpoſitifs, il faut diſtinguer quatre cas auxquels ſe rapportent les articles 15 & 16 de l'Ordonnance, & l'art. 21 du Traité avec la Hollande. 1°. La Priſe peut ſe faire par un Armateur étranger ſur les ennemis de l'Eſpagne. 2°. La Priſe peut avoir été faite par un Armateur étranger ſur les Alliés de l'Eſpagne ou ſur des Peuples neutres. 3°. Dans les Priſes faites par un Armateur étranger, il peut y avoir des marchandiſes appartenantes aux Eſpagnols. 4°. Il peut ſe trouver des marchandiſes appartenantes aux Alliés de l'Eſpagne dans les Priſes faites par un étranger.

§. IX.

Dans le premier cas, il n'y a aucun doute que l'Armateur ne puiſſe conduire ſa Priſe dans les Ports de l'Eſpagne, & s'y arrêter avec elle. Cela eſt fondé ſur l'intérêt que nous devons prendre à l'affoibliſſement de nos ennemis. Nous devons aider un Armateur qui y contribue, de tous les ſecours poſſibles, en lui fourniſſant tout

tout ce qui favoriſe ſes hoſtilités, & lui donnant une retraite dans nos Ports. C'eſt pour cela que nous avons établi ci-deſſus (chap. 4) qu'un Armateur peut attaquer ſes ennemis, même dans l'enceinte d'un Port, pourvû que le Prince à qui ce Port appartient ſoit auſſi en guerre avec la Nation que cet Armateur inquiéte.

§. X.

L'article 21 du Traité avec la Hollande, & l'art. 15 de l'Ordonnance ont lieu dans le ſecond cas. Aucun Armateur ne peut alors reſter dans le Port plus de vingt-quatre heures, à moins que le mauvais têms ne l'y retienne. On nous oppoſera peut-être l'art. 4 du Traité de Commerce fait avec l'Empereur en 1725. Cet article accorde généralement l'entrée dans les Ports d'Eſpagne aux Armateurs Sujets de l'Empereur avec leurs Prises, sans distinction, & sans la leur interdire dans le cas qu'elles n'auront point été faites contre nos ennemis. Or cet article devant être interprété dans le sens le plus favorable aux autres Nations, il s'ensuit que nonobstant l'article 21 du Traité avec la Hollande, & le 15 de l'Ordonnance, elles devront jouir de ce privilége dans la même généralité.

§. XI.

Comme cet article ne parle que des Prises faites sur les ennemis en général, il faut l'entendre de celles seulement qui auront été faites sur les ennemis communs aux deux Puissances contractantes, & ne pas l'étendre jusqu'à celles qui l'auroient été sur des Nations neutres ou alliées. Le Traité avec l'Empereur doit être d'ailleurs interprété, conformément aux Traités faits avec l'Angleterre & la Hollande, & principalement à l'article 21 du Traité avec la seconde de ces deux Puissances.

§. XII.

Dans le troisiéme cas l'art. 12 de l'Ordonnance des Courses, décide que les effets appartenans aux Sujets de l'Espagne leur devront être restitués. Il est évident que les Prises dont il est ici question doivent avoir été faites sur des ennemis communs à l'Armateur & à l'Espagne. Car si elles l'avoient été sur une Nation neutre ou alliée de la Couronne, les articles de l'Ordonnance & du Traité avec la Hollande ne permettent point à l'Armateur de s'arrêter dans nos Ports. Or dans cette supposition cette restitution ne paroît pas légitime; 1°. parce que les Traités avec l'Empereur &

la Hollande ont arrêté que les Armateurs sujets de ces deux Puissances pourront entrer dans nos Ports avec ces sortes de prises, & en sortir en toute liberté & sans le moindre trouble. Le Traité avec la Hollande dit même que, *les Officiers de Sa Majesté ne pourront les arrêter, ni prendre d'elles aucune connoissance*. 2°. Parce que l'article 9 de l'Ordonnance des Courses décide de bonne prise les effets des Espagnols trouvés à bord des vaisseaux ennemis. 3°. Le même a été arrêté par l'art. 10 du Traité de Commerce avec l'Empereur ; par l'art. 19 du Traité des Pyrénées ; par le Traité de 1667 avec l'Angleterre, art. 26 ; & par l'art. 13 du Traité de 1650 avec la Hollande. D'où il faut conclure que nos Espagnols n'ont aucun droit de prétendre la restitution de leurs marchandises trouvées à bord des navires pris par les étrangers, soit que ces navires appartiennent à nos ennemis, à nos Alliés, ou à des Peuples neutres.

§. XIII.

Pour résoudre cette objection qui est à la vérité très-spécieuse, il faut considérer que tout Prince qui a un plein domaine & une parfaite souveraineté dans ses Etats, est tenu à la défense de ses Sujets & de leur fortune, & à les garantir de toute insulte. Il manqueroit à son obligation s'il ne prenoit pas connoissance des biens de ses Sujets conduits dans ses Ports par des Armateurs étrangers, & s'il négligeoit d'en procurer la restitution. Il n'est aucune disposition qui puisse dispenser un Souverain d'un tel devoir. Ce que nous établirons au Chapitre où nous discuterons quels sont les Juges compétens pour juger de la légitimité des Prises, nous fournit de quoi appuyer notre ſolution. Il eſt bien vrai que les Traités excluent de la connoiſſance des différends ſur la légitimité des Priſes les Officiers de Sa Majeſté, mais il ne l'eſt pas moins auſſi qu'ils ſont Juges très-compétens toutes les fois que les ſujets y ſont intéreſſés, afin de les maintenir dans leurs droits. Voici encore une réfléxion qui achève de diſſiper la difficulté : dès que les biens des Eſpagnols ſont conduits avec le vaiſſeau ennemi qui les tranſportoit, dans un des Ports de Sa Majeſté, ils commencent à jouir du droit de *retrait*. Ce droit ne peut point s'étendre ſur le vaiſſeau, parce qu'il appartient à un ennemi commun à l'Armateur & au Souverain Maître du Port. Et les Traités qui confiſquent les biens des Amis trouvés ſous un Pavillon ennemi ne doivent être ſuivis que dans les cas où ce droit de retrait n'a point lieu.

§. XIV.

Dans le quatriéme cas les marchandises appartenantes aux Alliés ne peuvent être mises au magasin, ni achetées par personne, sous quelque prétexte que ce soit. Il est évident qu'il ne s'agit point dans ce quatriéme cas des Prises faites sur nos Amis ou sur des Peuples neutres, parmi lesquelles il se trouveroit des biens de nos Alliés. L'Ordonnance qui défend de les mettre dans le magasin, ou de les vendre, seroit alors un superflu, puisqu'indépendamment de ce dispositif l'article 21 du Traité avec la Hollande défend déja un tel procédé à l'égard des marchandises trouvées à bord des navires de nos Amis pris par des étrangers. La disposition dudit article de l'Ordonnance seroit absurde si elle devoit s'entendre des Prises faites ſur des ennemis communs. Car les biens de nos Alliés qui y ſeroient trouvés, devroient être réputés biens de l'ennemi, de même que le navire ſaiſi. Telle eſt la diſpoſition des articles rapportés ci-deſſus, laquelle confiſque les effets quelconques, trouvés ſur des vaiſſeaux de l'ennemi.

§. XV.

Cette difficulté ſe réſoud par le même principe que nous avons employé à la ſolution de celle du §. 12. La raiſon qui prouve en faveur des Sujets de Sa Majeſté, prouve auſſi pour ſes Alliés, puiſqu'un Roi doit également ſa protection aux uns & aux autres, leurs intérêts étant les mêmes. Ainſi, comme les biens des Sujets pris par les étrangers commencent à jouir du droit d'aſyle dès qu'ils ſont conduits dans un Port de leur Souverain, ceux des Alliés doivent avoir le même avantage. Un procédé contraire feroit de la part de l'Armateur étranger une continuation d'hoſtilités, attentatoire à la ſouveraineté du Maître du Port, & au reſpect qui lui eſt dû.

CHAPITRE III.

Quels ſont les Juges compétens pour juger des différends qui peuvent s'élever touchant la légitimité des Priſes ?

§. I.

CETTE queſtion n'a aucune difficulté à l'égard des Sujets de Sa Majeſté. Il eſt arrêté par l'art. 2 de l'Ordonnance des Courſes que « la légitimité des Priſes devra être jugée » par les Intendans ou leurs Subdélégués réſidens dans les Ports où elles » auront été conduites ; & au cas que » dans leſdits Ports il n'y ait ni Intendant ni Subdélégué, Sa Majeſté » ordonne au Gouverneur ou au Juge » de la Place de recourir à l'Intendant

» de la Province, afin d'aviſer aux » moyens de décider le différend ». Cette diſpoſition regarde la déciſion de ces différends en premiere inſtance. En cas d'appel, Nous croyons que la connoiſſance en appartient au Conſeil de guerre ; pratique qui nous ſemble autoriſée par le droit & par l'uſage.

§. II.

Pour diſſiper tout doute ſur ce point il ſera bon de citer ici une Déclaration Royale qui termina une forte conteſtation qui s'étoit élevée entre le ſuprême Conſeil de Guerre & celui d'Aragon. Il s'agiſſoit de ſavoir ou de fixer qu'elles étoient les cauſes qui reſſortoient de chacun de ces Conſeils. Après pluſieurs inſtances & repréſentations de part & d'autre, la Reine Régente, Mere de Charles II, de l'avis de l'Aſſemblée des Etats du Royaume, décida le procès par sa Déclaration du 17 Avril 1675, dans laquelle Elle s'expliquoit dans ces termes : « Le » Conseil de Guerre a le droit exclu- » sif de connoître de tous les différends » concernant la guerre, comme l'ex- » pédition des dépêches, les procès » sur le salut & sur les Prises, les- » quels doivent être jugés par les loix » Militaires, &c. »

§. III.

S'il y a donc quelque difficulté sur ce point elle ne peut regarder que les Prises faites par les étrangers & conduites dans les Ports du Royaume. Il paroît d'abord que les Officiers de Sa Majesté ne sont point Juges compétens, puisque les demandeurs & les défendeurs étant supposés étrangers, il y a d'autant moins de raison de les assujettir à sa jurisdiction, que ces étrangers ont leurs Consuls pour connoître de leurs différends, à qui la connoissance en doit appartenir privativement à tous autres Juges. Il est vrai que ces Consuls ne pouvant point exercer la Justice chez l'Etranger ne doivent point être regardés comme des Juges ordinaires; mais cela n'empêche point qu'ils ne soient compétens pour connoître de ces sortes de causes, en tant qu'ils sont commis à cet effet par les Souverains des parties. La Jurisdiction qu'on accorde à ces Consuls n'a rien d'étrange ni de contraire aux loix : le Droit Commun reconnoît ces sortes de transports de Jurisdiction, pour ainsi dire, sur les étrangers, pourvû que ce soit du consentement du Souverain dans le territoire duquel ils l'exercent (*a*). Quelques Auteurs pré-

(*a*) Casarregis, de commercio tom. 2, discuss. 174, ex. n. 5.

tendent que le droit qu'ont les Consuls de juger leurs compatriotes dans les Etats & du consentement des Princes étrangers, émane de ces derniers, & non pas du Souverain leur Maître (*b*). Mais le sentiment opposé nous paroît plus vraisemblable ; car le consentement des Princes dans les Etats desquels ces Consuls, résident ne fait que détruire l'incapacité dans laquelle ces Consuls se trouveroient sans cela par leur qualité d'étrangers, d'exercer aucune Jurisdiction dans leurs domaines. Cette incapacité une fois détruite, ces Souverains sont censés s'être dépouillés de leur droit en faveur du Prince qui avoit envoyé ces Consuls (*c*). La même chose arrive lorsqu'on

(*b*) Mastrillo, de magistratib. tom. 1, lib. 3, cap. 4, n. 155, Scacc. de sentent & re judic glos. 7, quæst. 4, spec. 2, n. 168.

(*c*) Casaregis, ubi suprà.

permet à un Juge d'exercer la Justice dans le district d'un autre : dans ce cas sa Jurisdiction s'étant étendue sur un district qui n'est pas le sien, par le consentement du Juge de l'endroit & par celui des parties, les deux Juges sont censés n'en faire qu'un, & les sentences de celui qui s'est ingéré de cette sorte dans une Jurisdiction étrangere ont la même force que s'il les avoit rendues pour des causes renfermées dans les bornes de la sienne propre (*d*).

§. IV.

Malgré la force de ces raisons nous croyons que les Officiers de Sa Majesté sont les seuls Juges compétens des Prises que les étrangers conduisent dans ses Ports. Ainsi le décident les Ordon-

(*d*) Carleval de judic. tom. 1, disp. 2, quæst. 8, sect. 1, n. 972.

nances en faveur des Juſtices des Ports, ſans mettre aucune différence entre les Priſes faites par les étrangers & celles que ſont les Sujets de Sa Majeſté. D'ailleurs les étrangers, en conduiſant leurs Priſes dans les Ports du Royaume, ſont cenſés ſe ſoumettre à ſa Juriſdiction. C'eſt ainſi que la connoiſſance des crimes commis dans un Port appartient de droit au Juge de la Ville à laquelle ce Port eſt attenant (*e*). Il ne faut pas s'imaginer que les Conſuls ayent, en vertu du conſentement des Souverains, dans les Etats deſquels ils réſident, aucun droit pour juger ces ſortes de litiges : leurs pouvoirs ſont trop bornés pour cela ; & ils ne ſont chargés que de protéger leurs compatriotes réſidans chez l'étranger (*f*).

(*e*) Crespi, tom. 1, obſervat. 15, n. 38.
(*f*) Caſaregis, ubi ſuprà, n. 33.

§. V.

§. V.

Le Traité fait en 1714 avec la Hollande nous fournit un moyen de preuve en faveur de notre ſentiment. Voici les termes de ce Traité à l'art. 22 : « Les Conſuls que leurs Hautes-» Puiſſances établiront dans les Etats du-» dit Seigneur Roi, pour y aider & pro-» téger leurs Sujets, &c. » Cet article fait aſſez voir combien eſt bornée la Commiſſion de ces Conſuls, & qu'ils n'ont pas même l'ombre de Juriſdiction. Quand même ils en auroient quelqu'une, elle devroit être ſans effet, parce que dans les Etats de Sa Majeſté perſonne ne peut exercer aucune Juriſdiction, ſi ce n'eſt ceux qu'elle nomme à cet effet ; & il eſt certain d'ailleurs qu'aucune Puiſſance ne peut donner droit de Juriſdiction hors de ſes Etats. L'art. 27 du Traité de 1667 avec l'Angleterre eſt également déciſif. Mais la Déclaration du mois de Décembre de l'année 1709 eſt encore plus formelle : elle fut faite à l'occaſion du droit que s'attribuoient les Conſuls François de connoître des Priſes menées dans nos Ports par les Sujets de Sa Majeſté Très-Chrétienne.

§. V I.

Ce que nous venons d'établir eſt ſelon la rigueur du droit. Pluſieurs Traités ont diſpoſé le contraire. L'article 23 du Traité des Pyrénées ; l'art. 30 du Traité de 1604, & le Traité de 1630, art. 28, tous deux avec l'Angleterre, ont décidé que la connoiſſance des différends élevés en Eſpagne concernant les Priſes, devoit être renvoyée aux Juges du Royaume dont ſeroient ceux contre qui la plainte ſeroit formée. Enfin l'article 21 du

Traité de 1714 avec la Hollande s'explique dans les termes ſuivans : » Les vaiſſeaux de guerre deſdits Sei- » gneurs (le Roi d'Eſpagne & les Etats » Généraux) qui auront été armés en » guerre, pourront conduire en toute » liberté les Priſes qu'ils auront faites » ſur leurs ennemis, là où ils jugeront » à propos, ſans être ſujets à aucun » droit, comme d'Amirauté, ou tout » autre, & cela dans le cas qu'ils ne » déchargent point les effets de ſes » Priſes. Mais s'ils les déchargent, ce » qu'ils pourront faire après en avoir » obtenu la permiſſion, ils payeront les » droits d'entrées reſpectivement, & » ſelon les loix du parage. Bien enten- » du qu'il ne ſera pas permis de dé- » charger des marchandiſes de con- » trebande ou prohibées, & que leſ- » dits vaiſſeaux ou leſdites Priſes qui » entreront dans les Ports dudit Sei- » gneur Roi ou deſdits Seigneurs les

» Etats Généraux, ne pourront être » arrêtés ni ſujets à l'*embargo*, & que » les Officiers des Parages ne pour» ront prendre aucune connoiſſance de » la valeur de ces Priſes. »

§. VII.

Il eſt cependant des cas où les Officiers de Sa Majeſté pourront ſans contrevenir à ces diſpoſitions, juger de la légitimité des Priſes conduites par les Etrangers dans les Ports du Royaume.

§. VIII.

Le premier cas où les Officiers de Sa Majeſté peuvent connoître de ces différends, c'eſt lorſque la légitimité de la Priſe conduite dans quelqu'un de ſes Ports, eſt conteſtée par quelqu'un de ſes Sujets qui s'y trouve intéreſſé. Cette exception eſt fondée ſur les mêmes articles du Traité fait avec l'Angleterre, qui ne la reconnoissent point si le reclamateur n'est pas Sujet du Roi. Quand même un tel cas n'auroit point été prévû par les loix positives, le droit naturel & la raison en indiqueroient toujours la décision conforme à l'exception du Traité. En effet ; le Roi est tenu par sa qualité de Souverain de protéger ses Sujets opprimés & injustement dépouillés de leurs biens. S'il a d'ailleurs dans ses Etats les biens qu'on leur a saisis, & l'Armateur qui en a fait la saisie, prêt à les emporter, il ne doit pas permettre qu'il s'éloigne, & que ses Sujets, frustrés dans leur patrie de la justice qu'ils demandent, soient réduits à l'aller solliciter chez l'Etranger à grands frais, & souvent en vain.

§. IX.

Le second cas est, quand par incidence, & relativement à quelque point, qui eſt à tous égards de la compétence des Officiers de Sa Majeſté, ceux-ci ſe trouvent obligés d'examiner la valeur & la légitimité des Priſes. L'incident eſt alors de leur compétence autant que le principal. Ceci n'eſt point une nouveauté ni une ſubtilité contraire au droit ancien. De tout tems le Juge incompétent pour une cauſe, en a pû connoître, d'abord qu'un incident l'a liée à quelque autre qui étoit évidemment de ſa compétence (g).

§. X.

Les Priſes peuvent auſſi avoir été faites par des étrangers ſans Patentes. Il eſt hors de doute que dans ce troiſiéme cas les Officiers de Sa Majeſté ſont en droit d'en connoître, de con-

(g) Leg. quoties 3, cod. de judic. leg. 11, cod. de ord. judic.

fiſquer les vaiſſeaux de ces Armateurs, ou plutôt de ces Pirates, & de les châtier comme des vagabonds & des brigands. Ainſi le diſpoſe l'art. 6 de l'Ordonnance des Courſes de l'année 1718 ; & ſi conformément à ce diſpoſſitif, de pareils Armateurs peuvent être arrêtés, même en pleine mer, à plus forte raiſon pourront-ils être punis dans l'enceinte des Ports (*h*).

§. XI.

Il peut bien arriver qu'un étranger ſans être Armateur, & navigeant tranquillement pour ſon commerce, ſe trouve dans la néceſſité d'en venir aux mains avec les ennemis, que le combat lui réuſſiſſe, & qu'il s'empare du vaiſſeau de celui contre qui il aura eu à faire. Il n'eſt pas naturel que cet homme,

(*h*) Carleval, de judic. tit. 1, diſp. 2, n. 45.

quoique ſans Commiſſion, ſoit traité en Pirate. Mais il doit alors ſe ſoumettre à la déciſion des Juges du Port où il aura conduit ſa Priſe, & ſe juſtifier devant eux du crime de piraterie dont les apparences ſont contre lui. Si, après cette juſtification, il s'éleve quelqu'autre conteſtation à l'égard de la même Priſe, les Juges du même Port en pourront également connoître, parce que toutes les loix qu'on peut citer ne leur ôtent que la connoiſſance des Priſes faites par des vaiſſeaux armés en guerre & munis de Patentes, mais non pas des autres.

§. XII.

Enfin, les Armateurs étrangers peuvent avoir envie de vendre leurs Priſes dans les ports du Royaume; & c'eſt ici le dernier cas où les Officiers de Sa Majeſté connoîtront des Priſes des étrangers, & exigeront que les Armateurs en prouvent la légitimité. Car dans la ſuppoſition que ces effets appartinſſent aux ennemis de l'état, il y auroit de très-grands inconvéniens à en faciliter l'introduction, la décharge & la vente dans nos Ports. Il faut donc qu'il conſte auparavant que ces biens ſont venus au pouvoir d'un étranger, Ami ou Allié, par le droit des armes, & non par un commerce libre & volontaire. L'article 7 du Traité de 1667 avec l'Angleterre, permet aux Anglois de commercer dans nos Ports les biens de nos ennemis, pourvû qu'ils s'en ſoient rendus maîtres par la force des armes, & que la ſaiſie en ait été jugée légitime. Pour lors ces effets pris ſur nos ennemis par des Armateurs, nos Amis, ſont cenſés appartenir à ces derniers, & purgés, pour ainſi dire, du vice qui en interdiſoit le commerce dans notre Royaume.

§. XIII.

Ce que nous venons d'établir donne lieu à une objection assez spécieuse. L'article 21 du Traité avec la Hollande défend aux Hollandois de décharger dans nos Ports les effets de leurs Prises, s'ils sont de contrebande : or comme les Prises dont parle cet article ne peuvent avoir été faites que sur nos ennemis, & que les biens de ces derniers sont censés être de contrebande ; il semble que cet article se contredit, & qu'en même tems qu'il permet aux Hollandois la vente de leurs Prises dans nos Ports, il la leur défend absolument. De plus, la disposition du même article donne à entendre qu'il peut y avoir des effets sur les vaisseaux pris qui ne seront point de contrebande, quoi qu'appartenans à nos ennemis, & que les Hollandois auront la faculté de les commercer dans nos Ports.

§. XIV.

Mais cette difficulté s'évanouit dès qu'on réfléchit ſur les conditions qui font que certaines marchandiſes ſont de contrebande : elles le ſont, ou par leur qualité intrinſéque, ou parce qu'elles appartiennent à nos ennemis. Le Droit Commun, & pluſienrs Déclarations Royales défendent la vente des premieres ; & les autres ſont prohibées par le tit. 18, Liv. 6 de la Récompilation. Le vice de celles-là eſt grand à la vérité ; mais le vice de celui-ci l'eſt bien davantage ; car les marchandiſes de nos ennemis n'ont plus rien d'odieux après la guerre, ni même avant ſa fin, ſi, par la force des armes, elles tombent au pouvoir de nos Alliés. Les marchandiſes dont la contrebande conſiſte au contraire dans leur qualité intrinſéque, ont un vice indélébile qui les ſuit toujours comme attaché à leur nature. Or, cela poſé, la difficulté doit diſparoître ; car lorſque l'article du Traité avec la Hollande interdit la vente des marchandiſes de contrebande provenant des Priſes, il n'entend parler que de celles qui le ſont par leur qualité intrinſéque, & dont le commerce eſt défendu aux Eſpagnols auſſi-bien qu'aux Etrangers. La contradiction ſeroit des plus groſſieres s'il s'agiſſoit dans cette diſpoſition des effets appartenans aux ennemis, & dont la contrebande vient uniquement de ce qu'elles leur appartiennent, & l'article du Traité ſeroit évidemment des plus illuſoires.

CHAPITRE IV.

Quelle différence y a-t-il entre la Prise & la contrebande ? Si un vaisseau Marchand qui est dans un Port, porte des marchandises de contrebande, un Armateur est-il en droit de les saisir, où doivent-elles être confisquées au profit du Roi.

§. I.

LA différence essentielle qui se trouve entre la Prise & la contrebande consiste en ce que la contrebande n'a lieu que dans les Ports où les Souverains envoyent des Officiers chargés de la reconnoître, auxquels ils enjoignent de confisquer toutes les marchandises prohibées, trouvées à bord des vaisseaux Marchands, Amis ou ennemis. Les Prises sont restraintes aux biens des ennemis, & ne peuvent avoir lieu qu'à une certaine distance des Ports, & par conséquent le droit des gens les adjuge à l'Armateur, sans que le Souverain y ait rien à prétendre.

§. II.

Il s'ensuit de-là qu'un Armateur n'a droit d'examiner les piéces d'un vaisseau Marchand qu'en pleine mer, & hors des Ports, & que les vaisseaux qui sont dans l'enceinte des Ports ne sont tenus d'en faire exhibition qu'aux Juges préposés pour cela. Ainsi l'ordonne une Déclaration de Philippe IV, du 3 Août 1660, confirmative d'une autre en date du 19 Mars de l'année 1655.

§. III.

Il paroitroit s'ensuivre de-là qu'un

Armateur ayant examiné les piéces d'un vaiſſeau Marchand trouvé dans un Port avec des marchandiſes de contrebande, ne pourroit point s'en emparer, mais qu'elles devroient être confiſquées au profit du Roi. Il n'eſt pas à préſumer que les Officiers prépoſés dans les Ports pour empêcher la contrebande, négligent de lui faire exhiber ſes piéces, ni de ſaiſir pour le Roi les marchandiſes prohibées qu'ils y auront trouvées.

§. IV.

Nous croyons cependant que le droit de l'Armateur eſt mieux établi, ſurtout s'il trouve le vaiſſeau qui porte la contrebande dans un parage où, pour n'avoir pas été viſité, il pourroit en éviter la confiſcation; car il pourroit ſortir ſans exhiber ſes papiers, ou en montrer de ſuppoſés, ce qui, pour n'être pas ordinaire, n'en eſt pas moins poſſible, vû les ruſes qu'employent communément ceux qui ſont la contrebande. Cette ſeule poſſibilité ſuffit pour approprier dans ce cas ces marchandiſes à l'Armateur. Il n'eſt point à préſumer, il eſt vrai, qu'un vaiſſeau Marchand porte en pleine mer des marchandiſes de contrebande ; mais, dès-lors que la choſe eſt poſſible, on eſt en droit de lui faire montrer ſes papiers ; & ſi cette préſomption ſuffiſoit pour exclure les meſures qui tendent à empêcher la contrebande, on ne pourroit pas non plus la punir ſi, en vertu de la même préſomption, on ne devoit pas la vérifier.

§. V.

Notre ſentiment eſt appuyé d'une déciſion du Juriſconſulte Proculus. Ce Juriſconſulte décide qu'une bête priſe dans un filet appartient de droit à celui qui l'a tendu, ſi elle s'y eſt tellement engagée qu'elle qu'elle ne puiſſe plus recouvrer ſa liberté; mais ſi elle s'eſt priſe de façon à pouvoir s'échapper, elle appartient à celui qui s'en empare le premier. Or cette déciſion eſt tout-à-fait applicable à notre cas. Le vaiſſeau étranger n'eſt point engagé dans le Port, ni hors d'état de pourſuivre ſa navigation, ſi bon lui ſemble. Il n'eſt point au pouvoir des Officiers de terre, & a toujours à ſa diſpoſition tous les agrêts néceſſaires pour s'échapper, & dont la ſaiſie pourroit ſeule l'en empêcher. N'importe que ce vaiſſeau étranger ne ſoit point ſous la juriſdiction de l'Armateur, parce qu'il eſt toujours dans un Port & ſur les mers de Sa Majeſté, où l'Armateur a pleine liberté d'inquiéter les ennemis, & eſt en droit de ſe ſaiſir de tout ce qui peut porter préjudice à l'Etat.

CHAPITRE V.

Des Reprises faites sur les ennemis de l'Etat. Doivent-elles revenir à leurs premiers Maîtres, ou appartiennent-elles au Repreneur ?

§. I.

LA question que nous allons discuter est des plus épineuses & des plus intéressantes, à cause de la multitude de procès qui s'élévent dans presque tous les Tribunaux à l'occasion des Reprises. Ce qui en rend la discussion encore plus utile, c'est l'opposition apparente qui se trouve entre les différens articles de l'Ordonnance qui regardent cette matiere. Nous tâcherons cependant de faire voir qu'ils sont d'accord entr'eux, aussi-bien qu'avec le Droit Commun. Il ne s'agit ici que des Reprises faites par les *Convassaux* des maîtres de la Prise, par la force des armes ; & non pas de celles qui se font par le moyen de l'argent & connues sous le nom de *rachat*. Comme celles-ci sont de vrais contrats de vente, il n'est point douteux que les Reprises de cette espèce n'appartiennent à l'acheteur (*a*).

§. II.

Plusieurs Auteurs sont d'avis que tout ce qu'on reprend sur les ennemis doit être restitué aux premiers propriétaires, soit que la Reprise ait été faite immédiatement après la Prise, soit qu'il se soit écoulé quelque tems entre l'une & l'autre. Ces Auteurs se fondent

(*a*) Covarruvias, in cap. pecat. de regul. jur. §. 11, n. 7.

ſur une Conſtitution des Empereurs Dioclétien & Maximien, qui ordonne de rendre aux premiers Maîtres tout ce qui ſera repris ſur les ennemis, ſans que le *Repreneur* y puiſſe rien prétendre. La raiſon en eſt que le Repreneur, en enlevant à l'ennemi ſes captures, ne fait que ſon devoir, qui eſt de défendre ſes compatriotes (*b*).

§. III.

Ce ſentiment ſe trouve auſſi appuyé ſur le Droit Commun. On conſulta Ulpien, pour ſavoir à qui devoient appartenir des moutons confiés à un berger pour les faire paître, qui auroient été pris par des loups, & repris enſuite par des chiens qui ne ſeroient point au maître de la proye. Le but

(*b*) Molina, de juſt. & jur. tom. 1, tract. 2, diſp. 118, n. 3. Guido, Papa, deciſ. 413, num. 2.

de la queſtion étoit de faire décider s'ils devroient être rendus au berger, ou au maîtres des chiens qui auroient fait la Repriſe. Ce Juriſconſulte répondit que, quoique ces moutons duſſent être cenſés avoir recouvré leur liberté dès-lors que le berger les avoit perdus de vûe, & appartenir de droit au premier occupant : ils devroient néanmoins être rendus à leur premier maître. Ulpien ajouta que la raiſon tirée de ce que ces animaux auroient ceſſé d'être ſous les yeux du berger, ne pourroient rien prouver contre lui ; parce que ce principe ne devoit s'entendre que des animaux qu'on ne peut point apprivoiſer, & point du tout de ceux qui ſont d'une docilité auſſi marquée que ceux dont il s'agiſſoit dans le cas propoſé (*c*).

(*c*) Leg. 44. ff. de acquir. rer. dom.

§. IV.

Le Jurisconsulte Pomponius décide pareillement que les ennemis ayant été chassés d'un terrein dont ils se seroient emparés, l'ancien propriétaire devroit rentrer dans sa possession, sans que l'Etat ni le Repreneur fussent en droit d'y mettre aucun obstacle (*d*). L'Empereur Justinien veut que des esclaves repris sur les ennemis, reviennent à leur ancien Maître, parce que ceux qui font la Reprise sont censés avoir défendu son droit (*e*).

§. V.

D'autres Auteurs suivent un sentiment différent, & distinguent deux cas.

(*d*) Leg. 20, §. expulsis. ff. de cap. & post lim.

(*e*) §. 17, de rer. divis.

Ou la Reprise a été faite dans le tems même du combat, ou quelque tems après, lorsque le Preneur avoit déja mis sa capture en lieu de sûreté. Dans le premier cas ces Auteurs prétendent que la Reprise doit revenir à son premier Maître qui n'est pas censé en avoir perdu la propriété. Dans le second, la Reprise appartient au Repreneur; parce, comme on suppose que l'ennemi l'avoit mise en sûreté, le droit qu'il a acquis sur elle, anéantit celui du premier possesseur, & il en est l'unique propriétaire.

§. VI.

Il est enfin un troisiéme sentiment qui n'admet aucune restitution, soit que la Reprise ait été faite immédiatement ou long-tems après le combat. Les Auteurs qui le défendent donnent pour raison, que celui qui a exposé ſa liberté, ſes biens & ſa vie pour le recouvrement des biens de ſes compatriotes pris par l'ennemi, doit les garder au moins comme une juſte compenſation des périls qu'il a courus. A cette raiſon ils en ajoutent une autre: car, diſent-ils, ſi celui qui a fait la Repriſe avoit été vaincu par l'ennemi, il eſt certain qu'il n'auroit aucune action contre le premier poſſeſſeur pour ſe faire indemniſer des pertes qu'il auroit faites; & par conſéquent en dépouillant l'ennemi de ſa Priſe, il doit avoir un droit inconteſtable ſur elle. (*f*).

§. VIII.

Comme aucun de ces ſentimens n'eſt conforme eux articles de notre Ordon-

(*f*) Alexio, ad conſultat. capic. latri, 97, n. 3, alios citans, & allegans, leg. 2, cod. de alluvionib.

nance des Courſes qui a prévû tous les cas concernant les Repriſes, nous devons les abandonner pour nous en tenir de préférence à ſes diſpoſitions, qui, comme faiſant un Droit Royal & Public, doivent prévaloir ſur le Droit Commun, & ſur l'autorité des Auteurs. Voici comment s'explique l'art. 10 de ladite Ordonnance : « Si un » navire de quelqu'un de mes Sujets eſt » repris ſur les ennemis après avoir été » en leur pouvoir pendant *vingt-quatre* » *heures*, il appartiendra au Repreneur, » mais s'il eſt repris avant ce terme, il » devra être reſtitué à ſon premier Maî- » tre, excepté le tiers, qui appartien- » dra au Repreneur ». Si le navire, dit » l'article 11, a été abandonné par l'en- » nemi, ou ſi une tempête, ou quelque » autre accident imprévû le fait tom- » ber entre les mains de mes Sujets, » avant qu'il ait été conduit dans quel- » que Port ennemi; il ſera rendu au

» premier propriétaire ; pourvû qu'il » le reclame avant un an & un jour, » quand même l'ennemi l'auroit eu en » ſon pouvoir plus de vingt-quatre » heures ».

§. IX.

En réfléchiſſant ſur ces deux articles l'on ne peut s'empêcher de les trouver conformes à la plus ſaine raiſon & aux principes d'équité les plus inconteſtables. Lorſque l'article 10 adjuge au *Repreneur* la propriété de ſa capture ſi les ennemis l'ont eue en leur pouvoir l'eſpace de vingt-quatre heures, il ſe fonde ſur ce qu'après ce terme l'ennemi en eſt le poſſeſſeur légitime, & qu'il n'y a perſonne qui ſoit en droit d'en prétendre la reſtitution. Lorſque le même article diſpoſe que la Repriſe ſoit rendue à ſon premier Maître, ſi l'ennemi la perd avant les vingt-quatre heures, cela eſt fondé ſur ce qu'avant ce terme l'ennemi n'en ayant point acquis la propriété, les droits du premier poſſeſſeur ſubſiſtent toujours. Il peut donc en demander la reſtitution, en en cédant toutefois le tiers au Repreneur, en réparation de ſes pertes, ou des frais qu'il aura faits.

§. X.

L'article 11 décide que le navire abandonné par les ennemis, ou que quelque accident imprévû a jetté entre les mains des convaſſaux du premier propriétaire, doit lui être reſtitué, quand même l'ennemi l'auroit gardé 24 heures, pourvû qu'il n'ait point été conduit dans quelqu'un de ſes Ports. Mais cette diſpoſition eſt plus conforme à l'équité qu'au droit. L'article 10 déclare nulles les prétentions du premier propriétaire, dès que la Priſe a été vingt-quatre heures au pouvoir de l'ennemi ; & puiſqu'elle a été abandonnée, elle devroit être de droit au premier occupant. Mais comme alors ce dernier n'a couru aucun riſque pour la reprendre, il n'a aucun droit pour en prétendre la propriété. La reſtitution n'a plus lieu dès qu'il s'eſt écoulé un an & un jour depuis la Repriſe. Après ce terme, le premier propriétaire auroit beau reclamer, il ne ſeroit point écouté, & cela pour le punir de ſa négligence. Le droit nous fournit une déciſion très-approchante de celle de l'Ordonnance. Les loix ont décidé que ſi un poſſeſſeur de bonne foi a gardé quelque effet pendant un terme qu'elles ont fixé, il en acquiert la poſſeſſion irrévocable, nonobſtant toutes les prétentions de l'ancien propriétaire, auxquelles ſa négligence ne permet plus d'avoir égard (g).

(g) §. Initial. Inſtit. de uſuçap. ubi Vinnius, n. 4 & 5.

§. XI.

Quoique l'article de l'Ordonnance ne paroisse pas faire de différence entre un vaisseau abandonné par les ennemis, & celui qui l'a été par l'effet d'une tempête, ou de quelque autre accident imprévû ; il est néanmoins certain qu'il y en a quelqu'une. Nous n'entreprendrons point ici de la faire sentir : outre que cela nous écarteroit de notre objet, il n'est personne, tant soit peu versé dans la Jurisprudence, qui ignore que l'abandon volontaire fait perdre la propriété, tout au contraire de celui qui est forcé (*h*).

§. XII.

Il est deux cas compris dans la loi

(*h*) §. 47. Instit. de rer. divis.

13, tit. 9, part 5, dans lesquels la restitution n'a point de lieu. Nous allons les rapporter, afin de suppléer au silence que l'Ordonnance des Courses a gardé à leur égard. Le premier de ces cas est, lorsqu'à bord du vaisseau pris & repris il y avoit des marchandises destinées pour les ennemis. La raison en est toute simple : si un Souverain est en droit d'interdire à ses Sujets tout commerce avec ceux de ses ennemis, il peut également leur faire perdre leurs biens toutes les fois qu'ils seront convaincus d'avoir contrevenu à sa défense. Les Ordonnances sur la contrebande & le Droit Commun sont d'accord sur ce point; & ils adjugent dans ce cas la Reprise au *Repreneur* (*i*).

(*i*) Leg. 1 & 2, cod. quæ res adsport. non debeant.

§. XIII.

L'autre cas eſt, lorſque le bâtiment qui a été pris n'étoit ſur mer pour aucun avantage, mais pour le ſeul plaiſir de ceux qui le montoient. Car, comme le remarque ſagement cette loi, il n'eſt point de dédommagement pour ceux qui, en tems de guerre, ſe proménent ſur la mer ſans aucune vûe de commerce ou de tout autre avantage ſolide, mais pour ſatisfaire uniquement un plaiſir puéril. Le but de la loi a été de punir l'oiſiveté de ceux qui s'occuperoient auſſi frivolement, & de récompenſer au contraire quiconque expoſe ſa fortune & ſa vie pour l'utilité de la Patrie.

§. XIV.

Tout ce que nous venons d'établir

dans ce Chapitre regarde ſeulement les Repriſes faites d'effets appartenans aux *Convaſſaux* du Repreneur. C'eſt-là que ſe ſont bornées la loi de la Patrie, & l'Ordonnance des Courſes. Quant aux Repriſes faites de marchandiſes priſes ſur des Alliés, il faut s'en tenir aux deux Traités qui, à ce qu'il me ſemble, ſont les ſeuls qui ayent touché cette matiere. Le premier de ces Traités fut fait en 1676 entre Charles II & la Hollande. Il eſt arrêté par l'article 3 dudit Traité, que ſi quelque vaiſſeau de Sa Majeſté ou de quelqu'un de ſes Sujets reprend ſur les ennemis quelque bâtiment qu'ils auront gardé pendant deux jours, le cinquiéme de ſa valeur & de ſa cargaiſon appartiendra au Repreneur; & la moitié, ſi les ennemis l'ont gardé au-delà de ce terme. L'article 43 du Traité de Commerce fait avec l'Empereur

pereur en 1725, diſpoſe à peu près la même choſe. A l'égard des autres Puiſſances avec leſquelles il n'y a eu rien d'arrêté là-deſſus, il faudra ſe conformer aux articles 10 & 11 de l'Ordonnance.

****

CHAPITRE VI.

Des Repriſes faites ſur les Pirates.

§. I.

SELON la définition de la Priſe, (chap. 1), il paroît que le droit d'armer en Courſe n'appartient qu'à ceux qui ſont ennemis autoriſés, appellés en Latin *hoſtes* (*a*). D'où il s'enſuit que les brigands & les Pirates ſont exclus de ce droit; qu'ils ne peuvent prétendre aux priviléges que les loix de la guerre accordent aux ennemis, & qu'au contraire ils méritent d'être punis rigoureuſement comme des malfaiteurs, & qu'on eſt autoriſé à ſe

(*a*) Leg. 118, ff. de verb. ſignif.

ſaiſir de tous leurs biens (*b*).

§. II.

Dans tous les tems les Pirates ont été regardés comme des voleurs publics & des perturbateurs de la paix. C'eſt pour cela qu'il eſt libre à quiconque s'en ſaiſit de leur ôter la vie ſans ſe rendre coupable d'injuſtice (*c*). Le préjudice qu'ils cauſent à la tranquillité publique, à la liberté du commerce, & à la sûreté de la navigation, a fait que toutes les Nations ſe ſont accordées à les pourſuivre & à les punir avec la plus grande rigueur. Cet accord ſe trouve dans pluſieurs Traités, tels que celui de 1604 avec la France, art. 7 ; celui de 1498 avec

(*b*) Locenius, de Jur. marit. lib. 2, cap. *3*, num. 8.

(*c*) Kokier, diſquiſ. politic. cap. *9*, quæſt. 8 & *9*.

la même Couronne, art. 8 ; celui de 1459 aux articles 15, 16 & 19, celui de 1649, art. 4, tous faits avec la même Puiſſance ; & enfin le Traité de 1648 avec la Hollande, art. 75.

§. III.

Comme il réſulte de ces principes que les Pirates n'acquierent aucune propriété ſur les navires dont ils s'emparent, il en faudroit conclure que les Repriſes qu'on fait ſur eux devroient revenir à leurs premiers Maîtres, dont les droits ne peuvent avoir ſouffert aucune atteinte. Si les Pirates ſont de véritables voleurs, ils ne peuvent acquerir aucune propriété ſur ce qu'ils prennent (*d*).

§. IV.

Ce ſentiment nous paroît très-rai-

(*d*) Bellinus, de re milit. part. 2, tit. 11.

ſonnable ; & il eſt même ſuivi par la plûpart des Auteurs. Nous croyons néanmoins préférable dans la pratique l'opinion qui ſoumet ces Repriſes aux mêmes loix que celles qu'on fait ſur les ennemis avoués. Nous penſons donc que ſi le Pirate a eu en ſon pouvoir la Priſe pendant vingt-quatre heures, elle doit appartenir au Repreneur, & qu'elle devra être rendue au propriétaire primitif, au défaut de cette circonſtance. L'article 7 de l'Ordonnance des Courſes y eſt très-formel.

§. V.

Le Préſident Covarruvias, voyant que la loi pénultiéme, tit. 9, part. 5, fait aller ſur ce point les Pirates de pair avec les ennemis, abandonne le ſentiment commun, & celui de Grégoire Lopez dans ſon Commentaire ſur la même loi. Covarruvias prétend que puisque le but de cette disposition a été de favoriser l'exercice des armes & les Armateurs, afin, qu'animés de tous côtés, ils s'efforçassent de poursuivre constamment les Pirates ; le parallèle étoit très-juste. Les Armateurs doivent par conséquent rester en possession de leurs Reprises, d'abord que les Pirates les auront gardées pendant vingt quatre heures, sans que les propriétaires primitifs soient fondés à reclamer contre une disposition qui n'a d'autre objet que l'avantage public, toujours préférable au particulier.

§. VI.

Le même esprit dicta une Déclaration Royale, datée du 22 Décembre de l'année 1624. « Considérant, dit » cette Déclaration, les dommages que » cause à mes Sujets & à mes Alliés » le grand nombre des Corsaires qui

» infeſtent les mers, & voulant encou-
» rager les Armateurs aux frais qu'ils
» doivent faire pour les pourſuivre ;
» j'ordonne que les Repriſes qu'ils fe-
» ront ſur les Pirates leur appartien-
» nent, en quelque parage qu'ils les
» faſſent, pourvû que ces Priſes ayent
» été pendant vingt-quatre heures au
» pouvoir deſdits Corſaires ». Ces diſpoſitions qui exigent la révolution des vingt-quatre heures, ne prétendent point qu'elle donne au Pirate aucun droit ſur les Priſes, parce qu'il eſt décidé qu'en vertu de quelque terme, quelque long qu'il ſoit, il n'en acquiert jamais aucun. En accordant au Repreneur la propriété de ſes captures, les loix n'ont autre choſe en vûe que la récompenſe de ſon courage pour les efforts qu'il fait pour l'utilité publique à laquelle il travaille au péril de ſes biens & de ſa propre vie.

§. VII.

L'article de l'Ordonnance qui adjuge au Repreneur la Reprise si elle a été faite vingt-quatre heures après que le Pirate s'en étoit saisi, nous présente une grande difficulté. Si cette disposition, dira-t-on, n'a d'autre but que l'encouragement des Armateurs, peu importe que ce soit après la révolution des vingt-quatre heures. Les Pirates étant des usurpateurs, aucun terme ni aucune prescription ne peuvent leur donner la propriété de leurs captures (*e*). A l'égard des ennemis; les vingt-quatre heures sont d'une toute autre conséquence. Ce terme combiné avec les priviléges qui émanent des loix de la guerre, leur accorde la propriété de leurs Prises. D'où il faut

(*e*) §. 2, Instit. de usucap. ubi Pichardus.

conclure, ou que les Reprises faites sur les Pirates n'appartiennent jamais aux Repreneurs, ou que si elles leur doivent être adjugées, la révolution des vingt-quatre heures n'y doit entrer pour rien.

§. VIII.

La différence qu'il faut faire entre les Reprises faites sur les ennemis & celles qui se font sur les Pirates, résout elle-même la difficulté, fait disparoître la contradiction apparente de l'Ordonnance, & sauve le parallèle que nous avons fait de ces deux espèces de Reprises. Le droit qu'a un Armateur sur une Reprise faite sur les ennemis est fondée sur la disposition des loix qui lui en adjugent la propriété. Comme il suffit que la Prise ait été au pouvoir de l'ennemi pendant vingt-quatre heures, afin d'anéantir le droit du propriétaire primitif, & le transférer à l'ennemi, la Reprise est censée être dans ce cas d'un navire appartenant à l'ennemi ; & c'est pour cela que l'ancien possesseur n'a aucun droit pour la reclamer. Mais il faut raisonner tout autrement des Reprises faites sur les Pirates. Lorsque l'Ordonnance n'en adjuge la propriété au Repreneur qu'autant que l'ennemi l'aura eue en son pouvoir pendant vingt-quatre heures, ce n'est que pour récompenser l'Armateur à proportion des périls qu'il aura courus. Il n'est pas douteux qu'après la révolution des vingt-quatre heures les Pirates ne se tiennent davantage sur leurs gardes qu'immédiatement après la Prise faite. Il est même naturel de croire qu'ils l'auront conduite pour lors en quelque lieu de sûreté, tel qu'une Isle déserte, un parage peu fréquenté, qui sont les endroits qui leur servent de retraite ordinaire. Or cela augmentant évidemment la difficulté de la Reprise, expose l'Armateur à de plus grands risques, & doit contribuer à augmenter sa récompense.

§. IX.

L'article 12 de la même Ordonnance des Courses, donne lieu à une objection bien plus spécieuse que celle à laquelle nous venons de satisfaire. » Les Reprises, dit cet article 12, » faites sur les Pirates de navires & autres effets de mes Sujets, reclamées » avant un an & un jour, à compter » depuis la Déclaration qui en aura été » faite aux Juges des Ports où elles » auront été conduites, seront rendues » à leurs premiers Maîtres, distraction » faite du tiers de la valeur du navire » & de sa cargaison, qui appartiendra » au Repreneur pour l'indemniser des » frais de la Reprise ». Cet article paroît décider formellement que les Reprises doivent être rendues au premier propriétaire, s'il les reclame avant un an & un jour; tandis que l'article 7 de la même Ordonnance ne reconnoît point de restitution si le Pirate a eu sa capture vingt-quatre heures en son pouvoir.

§. X.

Nous ne pouvons résoudre cette difficulté qu'en interprétant cet article 12 de l'Ordonnance des Reprises faites sur les Pirates, qu'ils n'auront point gardées pendant vingt-quatre heures. Alors la Reprise ne doit point appartenir à celui qui la fait, mais bien au propriétaire primitif, s'il la reclame avant un an & un jour. C'est ainsi qu'un vaisseau repris sur l'ennemi avant qu'il l'ait gardé pendant vingt-quatre heures, doit être rendu à son premier Maître en vertu de l'article 10, d'abord qu'il le revendique avant un an & un jour.

§. XI.

D'où nous concluons que dans quelque cas que ce ſoit les Repriſes faites ſur les Pirates devront être jugées ſelon les mêmes loix que celles qui ſe font ſur les ennemis. Une remarque à faire, c'eſt qu'un bâtiment eſt cenſé repris par la force des armes, quand même les ennemis l'auroient abandonné par terreur panique, ou ſe ſeroient rendus ſans réſiſtance. Tout avantage par l'horreur des armes & la crainte du combat eſt cenſé victoire (*f*). Il en ſera de même ſi la Repriſe ſe fait par adreſſe ou par ſtratagême (*g*).

(*f*) Celebris textus in leg. 3, ff. de vi, & vi armatâ.

(*g*) Caballus, caſu 220, n. 36 & 37.

****

CHAPITRE VII.

Des Juges compétens pour connoître des différends concernant les Reprises.

§. I.

IL eſt évident que ſi le différend eſt entre des Sujets de Sa Majeſté, c'eſt à ſes Officiers d'en connoître. Ainſi la queſtion ne peut regarder que ces trois cas.

1°. La Repriſe peut avoir été faite de biens d'un Eſpagnol par un Armateur étranger.

2°. Quand c'eſt un Armateur Eſpagnol qui a repris les biens d'un étranger.

3°. Quand il s'agit de biens de l'étranger repris par un Armateur pareillement étranger.

§. II.

Il paroît d'abord que dans le premier cas, les Juges de Sa Majeſté ne devroient point être compétens. Les différends que la Repriſe peut occaſionner à l'étranger devroient, ce ſemble, être jugés ſelon ſes loix, n'étant pas naturel qu'il s'aſſujettiſſe à une Juriſdiction étrangere. La Repriſe ſe trouve à la vérité en Eſpagne; mais ce ne devroit point être là un titre ſuffiſant pour que le Repreneur y ſoit jugé. Pourvû qu'il promette de faire raiſon chez lui ſur le point de la conteſtation, & qu'il en donne des aſſurances, il devroit être libre d'emporter ſa capture où bon lui ſembleroit. La loi 32, tit. 2, part. 3, qui le décide ainſi, renferme encore une diſpoſition bien plus favorable. Cette loi accorde aux vagabonds même la faculté d'emporter les effets qui leur seront contestés, sans qu'on puisse les obliger à se soumettre au jugement du Juge du lieu où ils auront été arrêtés avec eux, pourvû qu'ils donnent une pareille assurance. D'où il s'ensuit qu'on pourroit tout au plus obliger le Repreneur dans ce cas de donner une telle caution, mais non pas l'empêcher d'emmener sa capture.

§. III.

Quelques plausibles que soient ces raisons nous croyons que le Repreneur devra être jugé par les Officiers du Royaume. La même loi 32 le dit formellement; & quoiqu'elle permette à l'Armateur d'emmener sa Reprise, moyennant la promesse de faire raison sur le sujet du différend qu'elle aura occasionné, il est certain que cette assurance doit être de répondre pardevant

vant le Juge du lieu où la contestation a pris naissance. Cette caution peut bien permettre au Repreneur d'emmener sa Reprise; mais elle ne sauroit porter atteinte aux droits du Tribunal dans la Jurisdiction duquel le différend s'est élevé. Outre la promesse que fait le Repreneur de répondre, il doit de plus s'obliger à représenter les effets qui seront l'objet du procès toutes les fois qu'il en sera requis par le Juge; c'est dans le fond l'existence de ces effets qui intéresse le plus le Demandeur, & non pas l'assurance de répondre sur l'objet de sa demande. La loi 32 ne soumet point, dira-t-on, un vagabond de répondre précisément pardevant le Juge de l'endroit où on lui a trouvé les effets pour lesquels il a été sommé de comparoître. Cette loi se borne à lui faire promettre, moyennant caution, comme quoi il fera raison au Demandeur. Nous en convenons; mais il faut observer que dans ce cas le Défendeur n'étant point sujet, par sa qualité de vagabond, à la Jurisdiction d'aucun Tribunal déterminé, le Défendeur est en droit de l'assigner pardevant celui qu'il trouvera le plus à propos, sans aucun égard pour celui pardevant lequel la premiere demande aura été faite.

§. IV.

Pour preuve de ce sentiment, nous ajoûtons que, lorsque la contestation roule sur une chose volée, le coupable ne peut pas décliner la Jurisdiction du Juge du lieu où il a commis le vol, quand même il donneroit les assurances dont il a été parlé. La loi 32 le dit expressément. La loi 2, tit. 13, & la loi 14, tit. 14, part. 7, soumettent encore le voleur à la Jurisdiction du Juge du lieu où il aura été arrêté, même ſans le vol. Or cela eſt très-applicable à notre cas. Lorſque les Armateurs étrangers viennent dans nos Ports avec des Repriſes faites de biens appartenans aux Eſpagnols, le différend qu'elles occaſionnent roulent ſur leur reſtitution. La demande qui s'en fait doit porter ſur le droit que les Eſpagnols ont ſur ces Repriſes. Comme elles n'ont point été au pouvoir de l'ennemi le tems néceſſaire pour lui en donner la propriété, il faut prouver que le Repreneur ne peut pas non plus la prétendre, puiſqu'il ne ſauroit alléguer aucun droit obtenu par l'ennemi, qui n'en avoit aucun lui-même. De plus, le Repreneur eſt cenſé continuer la violence que l'ennemi a faite au premier propriétaire, dès-lors qu'il ſe refuſe à une reſtitution à laquelle il eſt tenu.

§. V.

Dans le ſecond cas, c'eſt-à-dire, lorſqu'il s'agit des Repriſes faites par les Eſpagnols de biens appartenans aux étrangers, les Officiers de Sa Majeſté ſont auſſi compétens. Les Sujets du Roi ſont intéreſſés dans la conteſtation; & il manqueroit à la protection qu'il leur doit, s'il laiſſoit paſſer ailleurs la connoiſſance de ces affaires. Les étrangers n'ont rien de raiſonnable à oppoſer à cette déciſion. Je ſai bien que l'art.21 du Traité avec la Hollande interdit la connoiſſance de ces différends aux Tribunaux de Sa Majeſté; mais cet article ne parle point des Repriſes faites par les Eſpagnols.

§. VI.

Quant au troiſiéme cas, où il s'agit des biens des étrangers, repris par des

Armateurs qui le ſont auſſi, nous croyons que les Tribunaux de Sa Majeſté ſont incompétens. La loi fondée ſur le lieu où la Repriſe a été conduite, leur donneroit à la vérité la compétence ; mais il y a été dérogé par des Traités particuliers. Les Tribunaux ne ſont donc compétens qu'autant que les Sujets de Sa Majeſté ſont intéreſſés dans la conteſtation, ou dans les mêmes cas qu'ils peuvent connoître des différends occaſionnés par les Priſes, & que nous avons rapporté dans le Chapitre où nous avons examiné quels ſont les Juges compétens pour décider les différends que les Priſes occaſionnent.

CHAPITRE VIII.

Si les Armateurs peuvent avoir différens pavillons, & s'ils peuvent les arborer lorſqu'ils commencent d'appercevoir les navires des ennemis, &c.

§. I.

POUR décider de cette queſtion il faut diſtinguer deux tems différens. Celui où l'Armateur commence d'appercevoir les vaiſſeaux ennemis, & le tems du combat.

§. II.

Quant au premier tems, nous croyons qu'il eſt permis à l'Armateur, ſoit pour éviter le combat, ſoit pour faciliter la victoire, d'arborer un autre pavillon que celui de ſon Prince. La chose n'est défendue par aucune loi, & se trouve d'ailleurs conforme à la pratique invariable de tous les genres de guerre.

§. III.

Dans le tems du combat, & au moment que l'on commence d'en venir aux mains, la pluralité des pavillons est défendue. L'Armateur ne peut arborer pour lors que celui de son Souverain, & il est obligé de tirer, pour avertissement, un coup de canon chargé à poudre seule. S'il en use autrement, on ne peut réputer de bonne prise le bâtiment qui se rendra, & l'Armateur, ainsi que les gens de son équipage, seront châtiés comme des Pirates. La disposition du septiéme article de l'Ordonnance des Courses à ce sujet, est générale, & comprend non-seulement les étrangers, mais encore, & à plus forte raison, les vassaux du Roi.

§. IV.

Il eſt vrai que l'art. 5 de la même Ordonnance défend aux Armateurs Eſpagnols de courir les mers avec un pavillon étranger. Mais cette défenſe doit s'interpréter par les diſpoſitions du même article, qui défendent à nos Armateurs de ſe faire patenter par des Princes étrangers. D'où nous croyons que l'intention de Sa Majeſté a été ſeulement d'interdire à ſes Sujets qui armeront en Courſe l'uſage des pavillons des Puiſſances étrangeres, deſquelles ils auroient des Patentes ſans ſa permiſſion. Ainſi l'Ordonnance n'ayant point ſpécifié ſi, au défaut de cette circonſtance, il leur eſt défendu d'arborer un pavillon étranger, nous croyons qu'ils pourront jouir de la liberté autoriſée par l'uſage.

CHAPITRE IX.

Si les Prises doivent être faites conformément à l'Ordonnance des Courses pour qu'elles soient légitimes, & si dans les cas qu'elle n'aura point prévûs, il faut se régler sur les Traités.

§. I.

LES Armateurs destinés à inquiéter les ennemis de l'Etat doivent toujours se conformer aux Ordonnances des Courses. Elles leur fixent les conditions qui rendent leurs Prises légitimes, & qui assurent la récompense de leurs travaux. Mais comme ces Ordonnances, quelques sages qu'elles soient, n'ont pû prévoir tous les cas qui peuvent ſe préſenter, il doit y avoir un point fixe, afin que les Armateurs ſachent à quoi s'en tenir dans les circonſtances qui auront échappé à la vigilance du Légiſlateur.

§. II.

Or dans ces occurrences, il faut conſulter les Traités & les conventions faites entre les Souverains, puiſque ces accords ont tant de force qu'ils peuvent même déroger aux loix ordinaires. Dans les oppoſitions qui ſe trouveroient entre les loix & les Traités, il faut s'en rapporter à ceux-ci, pourvû qu'ils n'ayent point été annullés.

§. III.

Si les Traités ni les loix ne peuvent décider certains cas extraordinaires, il faudra ſe conformer aux coutumes reçues & invariablement obſervées dans la navigation. La Coutume a pour lors force de loi lorſqu'elle eſt reçue depuis long-tems, & que le Prince qui la connoît ne l'abroge point. Il eſt alors cenſé y conſentir & y appoſer le ſceau de ſon autorité.

CHAPITRE X.

Si lorsqu'un Armateur rencontre un vaisseau Marchand, c'est à l'Armateur ou au Capitaine du vaisseau Marchand à passer à l'autre bord pour la visite de la Commission & des autres pièces.

§. I.

L'ARTICLE 14 du Traité de 1667 avec l'Angleterre résout pleinement la question. Voici les paroles de cet article : « En cas que des vaisseaux Marchands soient rencontrés dans » des bayes ou en pleine mer, par les » vaisseaux du Roi ou par ses Armateurs, » ceux-ci enverront leur chaloupe à » bord du vaisseau Marchand, avec » deux ou trois hommes seulement, aux-

» quels le Maître ou le Capitaine du na-
» vire préſentera ſon Paſſeport, ſes Let-
» tres de Mer, &c.

§. II.

Ce Réglement fait dans un Traité particulier doit avoir une exécution générale, & eſt très-conforme à la raiſon. C'eſt à l'Armateur de s'aſſurer ſi le Marchand a les piéces requiſes, & s'il n'a point de contrebande. Le ſeul moyen d'y parvenir, c'eſt de paſſer à bord du vaiſſeau Marchand, afin de prévenir le faux expoſé que celui-ci pourroit lui faire.

CHAPITRE XI.

Si les Priſes faites après la concluſion de la paix ſont légitimes, lorſqu'elle n'eſt point venue à la connoiſſance des Armateurs.

§. I.

CETTE queſtion ne ſe trouve décidée, ni dans l'Ordonnance des Courſes, ni dans les Traités de Commerce, ni dans le Droit Commun; ni enfin dans aucun des Auteurs que j'ai conſultés. En réfléchiſſant ſur ce ſilence, j'en ai cru trouver la cauſe dans l'évidence du principe, fondé ſur ce que l'Armateur n'a point eu connoiſſance de la concluſion de la paix. Il paroît inconteſtable que dès-lors ſes hoſtilités ne doivent point être regardées comme des violemens du Traité, & que tout ce qu'il prend doit lui être légitimement acquis. Cependant pour donner plus de force à une décifion auffi naturelle, nous allons rapporter ce qu'on dit de plus favorable à l'opinion contraire.

§. II.

Il paroît que les Prifes faites après la publication de la paix devroient être illégitimes, pour avoir été faites dans un tems *inhabile*. L'Armateur eft allé pour lors contre l'intention des Puiffances contractantes, qui a été de faire ceffer dès le jour du Traité toutes les hoftilités, & d'affurer la navigation & le commerce de leurs Sujets refpectifs & des autres Nations comprifes dans la convention.

§. III.

C'eft-là, à notre avis, l'argument le

plus fort en faveur du ſentiment qui veut que ces Priſes ſoient illégitimes. Mais il n'eſt pas aſſez convainquant pour nous faire abandonner l'opinion contraire, qui nous paroît préférable dans la pratique. L'Armateur eſt autoriſé à s'emparer des biens de l'ennemi ; & pendant tout le tems qu'il ignore la concluſion de la paix, il eſt en droit de continuer ſes Courſes. C'eſt à cette fin que les Patentes lui ont été expédiées : elles doivent avoir leur plein effet juſqu'à ce que ſon Prince les révoque. Sa Commiſſion renferme de plus la condition tacite d'inquiéter les ennemis juſqu'à ce que ſon Souverain en ait ordonné autrement. Comme ce contr'ordre eſt une loi, l'Armateur n'eſt point cenſé l'enfreindre s'il n'en a point eu connoiſſance ; & tout ce qu'il prend juſqu'alors eſt de bonne priſe.

CHAPITRE

CHAPITRE XII.

Si c'eſt à l'Armateur à prouver la légitimité de la Priſe, ou à celui ſur qui il l'a faite.

§. I.

LE principe général que les Juriſconſultes ont établi par rapport à la preuve du domaine d'une choſe, eſt la manifeſtation du titre de ſon acquiſition faite à celui à qui il appartient de prononcer ſur la propriété (*a*).

§. II.

Parmi les différens titres d'acquiſition

(*a*) Velaſc. de jur. Emphyteut. 1, part. cap. 9, n. 7. Maſcard. de probat. concluſ. 536 & ſeq.

que le droit admet, celui de Prise militaire ou de conquête transporte incontestablement le domaine (*b*). Il est fondé ce domaine sur la faculté qu'accordent les loix de la guerre, de s'emparer des biens de l'ennemi, & sur le droit qu'elles conférent (*c*) de se les approprier après un terme fixé, qui, comme nous avons dit ci-dessus, est une des circonstances essentielles pour le faire connoître. Ce terme n'est point à la vérité nécessaire pour acquérir la propriété des biens de l'ennemi; mais c'est une condition qui autorise l'Armateur à en disposer à son gré, dès que les titres qu'il avoit pour s'en saisir ont été vérifiés. Ainsi, quoiqu'il ne soit

(*b*) Leg. 2, tit. 23, part. 2, L. naturale §. ultim. de acquir. rer. dominio. §. item ea quæ ex hostib. instit. de rer. divis.

(*c*) Molina, tom. 1, de just. & jur. disp. 121, n. 1. Grotius, de jur. belli lib. 3, cap. 6.

pas beſoin de procédure à l'égard de certains coupables dont la conviction ſuffit pour juſtifier le châtiment, on inſtruit néanmoins leur procès pour déclarer légitime la confiſcation de leurs biens (*d*).

§. III.

Cela poſé, c'eſt l'Armateur qui doit faire conſter au Juge compétent que ce qu'il a pris appartenoit à l'ennemi, & que la ſaiſie en a été faite conformément aux Ordonnances des Courſes, qui ont preſcrit la façon de procéder dans de pareils cas, & de faire la déclaration de la Priſe.

§. IV.

Dans les procès-verbaux qui ſe font

(*d*) Autun. de Donat. tom. 2, cap. 22, n. 42.

pardevant les Juges qui doivent connoître de la légitimité des Prises, il faut exposer leur qualité, & la façon dont l'Armateur s'en est saisi. Quoique cette pratique paroisse décider pleinement la question que nous traitons dans ce Chapitre; j'ai trouvé à propos d'en donner quelque raison, afin de mieux instruire ceux qui peuvent ignorer les dispositions qui l'établissent.

§. V.

Toute Sentence doit être prononcée selon certaines régles établies par les loix, afin que les décisions des Tribunaux préposés pour l'administration de la justice, ayent un caractère digne de l'importance de leurs fonctions. Comme tout jugement suppose une contestation, il faut nécessairement le concours de trois personnes désignées chacune par le rôle qu'elle joue.

Il faut un Juge qui prononce, un Demandeur qui allégue des prétentions, & un Défendeur qui y réponde.

§. VI.

En partant de ces principes nous pensons que l'obligation de prouver la légitimité de la Prise regarde l'Armateur. Comme il prétend qu'elle lui soit adjugée, c'est à lui de faire conster que son procédé a été exempt de toute violence injuste; & voilà les fondemens de la pratique généralement suivie dans ces procédures.

§. VII.

Nous n'ignorons point que certains Auteurs prétendent que la Prise doit être censée légitime dès-lors qu'elle est des biens de l'ennemi. Ils alléguent l'usage reçu à l'égard des marchandises de contrebande, dont la saisie est juste dès qu'il confte qu'elles font d'un commerce prohibé. Il n'eft pas befoin d'autre formalité, & tout autre dépofition eft fuperflue, puifque leur fabrique eft un témoignage décifif. Cette comparaifon ne nous fera jamais abandonner le fentiment que nous avons établi. Bien que le droit reconnoiffe des procédures différentes de celles dont nous avons parlé; il eft évident qu'elles ne doivent être recevables que dans les cas qui en fouffrent l'application. Nous croyons même que tout autre façon de décider la légitimité des Prifes feroit illégale. Elle feroit toujours contraire à l'ufage de tous les Tribunaux, & aux Ordonnances des Courfes, fondées fur le droit, qui ordonnent formellement un procès-verbal pour l'adjudication de la Prife (*e*). C'eft-là une formalité indifpenfable qu'aucune autre voye ne peut fuppléer. C'eft ainfi que fous les Empe-

(e) *Ordon. des Courfes, art. 21, & fuiv.*

reurs Valentinien & Théodoſe il ne ſuffiſoit point, pour alliéner les biens des Decurions, de faire conſter des motifs qui en rendoient la vente néceſſaire (*f*). Ces ventes étoient cenſées frauduleuſes toutes les fois qu'elles n'étoient point autoriſées par la Sentence du Juge : formalité que ces Empereurs avoient preſcrite.

(*f*) Amaya, ex Caſtill. Cacher. Conſt. Farin. cap. de præd. de cur. lib. 10.

CHAPITRE XIII.

Si parmi les effets dont l'Armateur s'eſt ſaiſi il s'en trouve qu'on prétende ne point appartenir à l'ennemi, eſt-ce au Preneur à le prouver?

§. I.

SI nous n'avions point établi dans le Chapitre précédent que l'obligation de prouver la légitimité des Priſes regarde l'Armateur, nous devrions l'établir ici, non-ſeulement pour les raiſons alléguées, mais encore pour les ſuivantes.

§. II.

1°. Comme ici l'Armateur eſt ſuppoſé prétendre s'approprier, comme biens de l'ennemi, les effets conteſtés, c'eſt à lui de prouver qu'ils étoient véritablement à ce dernier. Sans cela, le Juge, qui, dans le cas douteux, doit pencher du côté du Défendeur (*a*), doit lui en ordonner la reſtitution.

§. III.

Quand même ces effets appartiendroient véritablement à l'ennemi, les loix enjoignent d'obſerver les formalités indiquées avant que d'en adjuger la propriété à l'Armateur. L'on ne ſauroit prononcer validement en ſa faveur, ſi le prononcé n'eſt précédé des préliminaires eſſentiels. La propriété qu'avoit l'ennemi ſur les effets conteſtés doit conſter par la procédure, afin de motiver l'adjudication qui s'en doit faire. N'importe que le Juge ſache extra-

(*a*) Reg. 11, de reg. jur. in ſext.

judiciairement que ces marchandises sont en effet de l'ennemi. Cette connoissance privée ne peut point le déterminer; & sa sentence doit porter sur une science publique, juridique & constatée par le procès (*b*).

§. IV.

2°. Dès que l'on doute, comme dans notre cas, si les effets saisis appartiennent à l'ennemi, & que l'Armateur ne justifie point sa prétention, il faut les faire rendre à celui qui en a été dépouillé. 1°. Parce que la possession fonde un droit de propriété (*c*). 2°. Parce que la demande sans preuve de l'Armateur ne peut point troubler cette possession (*d*). 3°. Parce

(*b*) Leg. illicitas §. veritas ff. de Offic. Præsid.

(*c*) Cujac. in cap. de fid. instrum.

(*d*) Vela, dissert. 48, n. 53.

que l'Armateur ne prouvant point ſa prétention, le Juge ne doit point s'expoſer contre l'intention des loix à porter une ſentence préjudiciable aux intérêts du Défendeur (*e*).

§. V.

Je conviens qu'il faut avoir quelque égard pour les Armateurs, afin de les animer à la pourſuite des ennemis qui intéreſſent ſi fort l'Etat. Mais je croirai toujours, malgré cette conſidération, qu'il eſt de la juſtice que l'Armateur démontre que les marchandiſes ſaiſies ſont de l'ennemi avant qu'on décide légitime ſa capture. C'eſt-là un point dont la démonſtration eſt, à la vérité, difficile ; & l'on pourroit penſer que la légitimité de ſemblables Priſes devroit être aſſez décidée par les conjectures, les préſomptions & les indices

(*e*) Leg. 11, tit. 4, lib. 2, Recop.

qui auroient porté l'Armateur à les faire (*f*). Mais malgré cette difficulté, & quoi qu'on puisse recourir à des moyens privilégiés pour les cas dont la preuve est extrêmement difficile (*g*) ; nous tenons toujours que c'est au Demandeur à alléguer des preuves, quelles qu'elles soient. Nous l'avons déja prouvé; & d'ailleurs le mal, quelque motif qu'on ait de le présumer, ne doit point motiver une sentence, s'il n'est prouvé (*h*).

(*f*) Ex leg. licet Imperator 74, ff. de legat. 1.

(*g*) Leg. 19, tit. 16, lib. 5, Recop.

(*h*) Cap. dudum de præsumpt.

****

CHAPITRE XIV.

Si l'on conteste que des effets trouvés à bord d'un vaisseau Ami ou Allié soient de l'ennemi, la preuve en appartient-elle à l'Armateur ?

§. I.

NOUS ne prétendons point déroger dans ce Chapitre à ce que nous avons établi au commencement de cet Ouvrage, touchant l'immunité dont jouissent les biens de l'ennemi trouvés à bord des vaisseaux des Alliés. Il a été arrêté par différens Traités & autres conventions des Souverains, qu'ils y sont à couvert de toute poursuite. Mais comme quelques Nations sont dans l'usage de méconnoître cet asyle, nous nous trouvons engagés à traiter ici la queſtion que préſente l'énoncé de ce Chapitre, afin qu'on ſache à quoi s'en tenir dans les cas qui pourront y avoir du rapport.

§. II.

Pour procéder avec ordre il faut ſavoir qu'il y a des marchandiſes qu'on reconnoît aiſément venir de chez l'ennemi. Cela paroît par la marque qu'elles portent, & ſur-tout par le rapport des experts qui a toujours paſſé pour le moyen le plus ſûr. Il a même été recommandé de préférence, comme exempt des fraudes qui altérent ſouvent les marques des fabriques. Ces marques ſuffiſoient autrefois pour décider de la qualité des marchandiſes; mais on a renoncé à ces preuves équivoques depuis qu'on en a vû l'inſuffiſance dans pluſieurs cas pareils à celui que rapporte Platea (*a*). On avoit

(*a*) Gregor. Lopez, leg. 8, tit. 7, part. 5.

publié un manifeste dans le Duché de Spolete. Un Marchand fut surpris avec des marchandises portant les marques d'une fabrique ennemie. On alloit les lui saisir ; mais le Marchand entreprit de prouver, malgré la déposition de la marque, que ces marchandises ne venoient point de chez l'ennemi ; & il y réussit.

§. III.

Il est d'autres marchandises dont on ne sauroit fixer la qualité, ni par leurs marques, ni par l'examen des connoisseurs. La chose reste alors douteuse, & les experts n'entreprennent point de décider, pas même sur les pièces que les Marchands produisent.

§. IV.

Ces deux cas exigent différens pro-

Theod. Hæping. de jur. Sigillor. cap. 17, §. 4, n. 87.

cédés. Dans le premier, l'Armateur s'assure tellement le droit que la saisie lui donne sur les effets contestés, que c'est au vaincu à prouver qu'ils n'appartiennent point à l'ennemi, s'il ne veut pas les perdre. La raison en est que la qualité des marchandises fixe seule l'obligation de la preuve. Si elles portent la marque d'une fabrique ennemie, l'on est en droit de présumer qu'elles appartiennent aux Sujets du Souverain, dans les Etats duquel elles ont été fabriquées. Voici pourquoi : 1°. Le maintien, le profit & l'augmentation des Manufactures appartiennent naturellement aux Peuples chez qui elles sont établies. Puisqu'elles procurent tous les avantages que l'expérience rend si sensibles, il est naturel de penser que ce sont ces mêmes peuples, plutôt que les étrangers, qui se mêlent du débit des marchandises. 2°. Les Fabriques & les Manufactures étant

étant le véhicule de la grandeur d'un Etat, il ne convient point que leurs ouvrages ſoient tranſportés par d'autres que par les Sujets du Souverain qui les a dans ſes domaines. Ainſi dès-lors que ces marchandiſes portent la marque de ces Fabriques, elles ſont cenſées appartenir à ceux que leur avantage intéreſſe le plus.

§. V.

Si les loix euſſent prévû tous les cas poſſibles, la plus longue vie ne ſuffiroit point pour lire leurs immenſes recueils. Il faudroit proſcrire pour lors tous les argumens, toutes les ſubtilités du droit, & toutes les comparaiſons ſi ſouvent employées, parce que le raiſonnement n'auroit rien à faire là où la loi auroit décidé formellement. Mais comme les Légiſlateurs n'ont prévenu que les cas les plus communs, il eſt à propos d'ajoûter encore ici quelques réfléxions, & d'appuyer notre déciſion d'exemples tirés d'autre cas.

§. VI.

Parmi les Déclarations qui défendent l'introduction des marchandiſes de contrebande dans notre Royaume, il en eſt une en date du 16 Mai 1628, qui ordonne à ceux qui porteront en Eſpagne des marchandiſes étrangeres de les accompagner d'un certificat qui déclare le lieu de leur Fabrique, pour ſavoir d'où elles viennent. Mais il fut arrêté par une autre Déclaration du 31 Janvier 1630, qué nonobſtant ce certificat, on procéderoit à la confiſcation deſdites marchandiſes toutes les fois que la dépoſition des experts les déclareroit être d'un commerce prohibé.

§. VII.

Cette derniere Déclaration fait bien

voir que l'examen des experts eſt le moyen le plus ſûr pour fixer la qualité des marchandiſes. Lorſque ces experts déclarent qu'elles ſont d'une Fabrique ennemie, & qu'elles ſont d'un commerce prohibé, l'Armateur n'eſt point tenu à aucune preuve. Il faut que celui ſur qui il les aura priſes faſſe conſter qu'elles lui appartiennent, & qu'en qualité de Sujet d'une Puiſſance amie, on ne peut point les lui confiſquer avant qu'il les ait introduites dans le Royaume. Dans tout autre cas cette preuve ſeroit l'affaire de l'Armateur.

§. VIII.

Il réſulte de ce que nous venons de dire que dans les cas où les experts ne pourront point fixer la qualité des marchandiſes, l'Armateur ſera obligé de prouver qu'elles appartiennent à l'ennemi, ſans cela on ne pourra jamais les lui adjuger, ſur-tout dans notre cas où les marchandiſes ſont ſuppoſées être à bord d'un navire neutre ou allié.

CHAPITRE XV.

Si les procès que les Prises occasionnent doivent être jugés sur les piéces trouvées à bord du vaisseau pris, ou si l'on doit accorder au vaincu le tems d'en produire d'autres. Les Jugemens rendus en conséquence sont-ils sujets à l'appel.

§. I.

QUANT au premier point, nous croyons que ces procès ne doivent point être jugés sur les seules piéces qui auront été trouvées à bord du vaisseau pris, & qu'il faut que le vaincu puisse en produire d'autres dans le terme que le Juge lui fixera. L'expérience n'apprend que trop que les piéces dont les Capitaines des vaiſſeaux Marchands ſont munis, comme les Paſſeports, Chartes-Parties, &c. ſont ſouvent fauſſes & ſuppoſées, afin d'éluder le droit de l'Armateur, qui, ſans cette fraude, ſeroit autoriſé à ſaiſir le navire & ſa cargaiſon. Quoique ces Sentences doivent être ſommaires (*a*), il n'eſt pas juſte que les parties ſoient pour cela fruſtrées du délai que les loix leur accordent. Cela eſt fondé ſur les articles 20, 21, 22 de la ſuſdite Ordonnance, & très-conforme au droit naturel, qui, comme ſupérieur au droit poſitif, doit faire jouir des priviléges qu'il accorde nonobſtant les diſpoſitions contraires de ce dernier (*b*).

(*a*) Azevedo, in leg. 3, tit. 13, lib. 4, recop.

(*b*) Pignatelli, tom. 5, conſult. canonic. conſult. 5, n. 27.

§. II.

Quant au ſecond point de la queſtion, l'article 30 de l'Ordonnance des Courſes ſemble décider que ces Sentences ne ſont point ſujettes à réviſion. Dès-lors que l'Ordonnance veut que ces Jugemens ſoient ſommaires, il paroît que les réviſions ne devroient point avoir lieu, comme tendantes à reculer la déciſion définitive. Cela paroît d'ailleurs s'enſuivre de la nature même des Jugemens ſommaires. La célérité qu'ils exigent interdit au Juge bien des formalités requiſes & indiſpenſables dans d'autres cas. Il peut procéder les jours fériés, doit écarter tous les délais, ceux même que le droit autoriſe ; il eſt tenu d'abréger la procédure & de rejetter toute appellation nuiſible aux intéreſſés ; il doit couper court aux diſputes des Avocats

& des Procureurs, & n'admettre qu'un nombre précis de témoins (*c*).

§. III.

Quelques plausibles que soient ces raisons, nous croyons que c'est se conformer au droit que de soumettre ces Sentences à la révision du Tribunal supérieur; en voici les raisons: 1°. Si l'on peut appeller des Sentences portées sur les Prises par les Intendans de la Marine ou leurs Subdélégués, il n'est point de motif qui puisse empêcher la révision (*d*). 2°. La Requête tendante à la révision, *supplication*, ne doit point être rejettée, s'il n'est expressément défendu d'en présenter (*e*).

(*c*) Clementina, sæpe de verb. signif.

(*d*) Leg. final. §. cui consentaneum cod. de tempor appellat Scaccia, de appellat. quæst. 19, rem. 3.

(*e*) Ysernia, in tit. quæ sint regalia n. 87.

Or comme une pareille défenſe n'exiſta jamais à l'égard des Sentences concernant les Priſes, on ne peut en refuſer la réviſion, toutes les fois que quelqu'une des parties y aura recours, conformément aux loix de la *récompilation* qui ont parlé de la *ſupplication*. Qu'on ne diſe pas que ſelon l'article 30 de l'Ordonnance l'appel des Sentences rendues ſur les Priſes en premiere inſtance doit être porté pardevant Sa Majeſté ; car on peut demander la réviſion, non-ſeulement des Sentences rendues par les Miniſtres du Conſeil, mais auſſi de celles que le Prince lui-même aura rendues (*f*). Telle eſt la pratique du Grand Conſeil de guerre, auquel on appelle aujourd'hui des Sentences rendues par les Juges ſubalternes, en fait de Priſes. Cela me conſte

(*f*) Vela, diſſert. 36, à num. 21, Matheu, de recrimin. controv. 66.

par plusieurs provisions du même Tribunal, que j'ai eu entre les mains; faisant droit sur les supplications.

§. IV.

L'article 30 de l'Ordonnance, cité ci-dessus, & qui définit le Jugement sommaire, ne présente point une objection sans réponse. Pour y satisfaire, il est bon de distinguer les différentes espèces de Jugemens sommaires. Parmi celles que rapporte le célèbre Jurisconsulte Scaccia (g), il n'en est que deux qui viennent à notre objet. Il est des Jugemens sommaires qui ne le sont qu'à certains égards, & d'autres qui le sont absolument. Ceux-ci ont les qualités dont il est parlé au §. II de ce Chapitre, c'est à-dire, qu'ils excluent toutes les formalités intrinséques intro-

(g) In Tractat, de judiciis. lib. 1, cap. 53.

duites par le droit. Les autres conviennent presque tout-à-fait avec les Jugemens ordinaires, admettent les mêmes formalités, & n'en différent qu'en ce qu'ils exigent de plus courts délais (*h*). Cela posé, lorsque l'Ordonnance décide que les Jugemens concernant les Prises soient sommaires, elle n'a en vûe que les Jugemens sommaires à certains égards, puisqu'elle ne fait aucune mention des autres. Or ces Jugemens sont sommaires dès qu'ils abrogent les délais, rien ne s'oppose donc à ce qu'ils soient sujets à révision, de même que les Jugemens ordinaires avec lesquels ils conviennent dans tout le reste.

(*h*) Scaccia, ubi supr. n. 14.

CHAPITRE XVI.

De la part qui revient au Roi des Prises, des droits que doivent payer les Armateurs, soit Espagnols, soit Etrangers, qui conduisent leurs Prises dans nos Ports. Si ceux qui ont aidé à faire une Prise peuvent y prétendre leur part.

§. I.

SI la guerre est juste les Armateurs acquierent la propriété de tout ce qu'ils prennent (*a*). Le droit des gens y est formel, & déroge en cela au droit ancien, reçu chez les Romains

(*a*) §. 17. Instit. de rer. divis.

& chez les autres Nations, qui appliquoient au profit du Roi ou de l'Etat les Prises faites sur les ennemis (*b*).

§. II.

Ce droit que les Armateurs ont sur leurs Prises n'est cependant pas si exclusif, qu'il n'en revienne quelque chose au Souverain dont ils dépendent. Tous les droits s'accordent à lui en donner une partie comme un hommage que le Preneur rend à l'autorité de son Prince. Ainsi Abraham donna à Melchisedec le dixiéme de ce qu'il avoit pris sur les ennemis. La même chose étoit encore pratiquée par les Romains à l'égard de leur Jupiter *Prædator*; & les anciens Gaulois s'étoient conformés à cet usage (*c*).

(*b*) Autunez, de Donat. lib. 2, cap. 26. n. 49.

(*c*) Beyerlinck, Theatr. vitæ hum. verb. præda.

§. III.

Nous diſtinguons en Eſpagne deux ſortes de Priſes faites ſur les ennemis; Celles que font les Armateurs, & celles que font les Flottes de Sa Majeſté. Cette diſtinction eſt priſe de la loi 29, tit. 26, part. 2.

§. IV.

Selon cette loi les Priſes que font les Eſcadres & les vaiſſeaux du Roi lui appartiennent ſans partage. Mais cela n'empêche pas qu'il ne doive récompenſer ſes Sujets victorieux. Ainſi en uſa Valerius Corvinus, Général des Romains, qui partagea à ſes ſoldats les dépouilles des Samnites (*d*). Le Sénat en fit de même à l'occaſion du ſac des Villes de l'Epire (*e*).

(*d*) Idem.
(*e*) Idem.

§. V.

La raiſon de cette pratique eſt très-cenſée. Il n'eſt rien en effet de plus avantageux au ſervice des Souverains, & au bonheur d'un Etat que de récompenſer le ſoldat victorieux. Une funeſte expérience a fait voir quelquefois combien il eſt dangereux de le négliger.

§. VI.

Il n'eſt pas beſoin en Eſpagne de peſer ſur les grands biens qui réſultent d'une pratique auſſi ſage. Pluſieurs Déclarations Royales, témoins de la libéralité de nos Rois, nous démontrent qu'ils ne l'ont jamais négligée. Il fut ordonné en 1513 à Dom Pedro Arias Davila, de diſtribuer à l'équipage de la Flotte qu'il commandoit, les deux cinquiémes des Priſes qu'il feroit ſur l'ennemi. Mais une Ordonnance du Conseil de guerre en date du 24 Janvier 1633, accorde la Prise entiere à la Flotte, n'en réservant qu'un cinquiéme pour le Roi.

§. VII.

Cette Déclaration ne dit rien des vaisseaux pris sur les ennemis. Mais la loi 5, tit. 16, part. 2, décide qu'ils appartiennent au Roi. Il est vrai que les Déclarations postérieures ont arrêté qu'ils ne reviendroient à Sa Majesté qu'autant que ce seroient des vaisseaux de guerre, & qu'ils seroient pris avec leurs agrêts, avec l'Artillerie & autres choses en dépendantes. L'Ordonnance de 1633, veut que les autres vaisseaux soient partagés aux soldats de la Flotte, de même que tout ce qu'on prendra sur les ennemis, à moins que ce ne soit des effets que ces derniers auroient enlevé

enlevé à nos vaiſſeaux venant des Indes Orientales ou Occidentales. La même Déclaration ordonne que ſi, parmi les navires qui devront revenir à l'équipage, il s'en trouve quelqu'un qui puiſſe être employé au ſervice de Sa Majeſté, on le lui réſerve, en en payant toutefois le prix qui en aura été fixé.

§. VIII.

Tout ce que nous venons de dire ne regarde que les Priſes faites par les Flottes de Sa Majeſté à l'égard de celles que font les Particuliers qui ont armé à leurs frais, & ſe ſont expoſés à tant de périls, il eſt certain que le droit des gens les adjuge au Preneur. Il doit cependant en payer le cinquiéme au Roi, qui lui eſt dû à titre d'hommage, & pour d'autres raiſons détaillées dans la loi 20, tit. 4, Liv. 6 de la *récompilation*. Cette Redevance eſt d'autant plus juſte, que le Roi eſt tenu de purger les mers des Pirates & des ennemis.

§. IX.

Mais Sa Majeſté voulant animer encore davantage les Armateurs à la pourſuite des ennemis, elle a renoncé, par un effet de ſa bonté, à ce cinquiéme qui lui revenoit de leurs captures. Cela conſte de l'article 3 de l'Ordonnance des Courſes, par lequel le Roi délivre les Armateurs de tous droits quelconques qu'il pourroit exiger.

§. X.

En vertu de ces diſpoſitions ſi favorables, les Armateurs ne payent plus au Roi pour leurs Priſes que le droit d'entrée auquel les étrangers ſont auſſi obligés de ſatisfaire. Cela eſt porté par une Déclaration du premier Décembre 1709.

§. XI.

Notre intention n'avoit point été

d'examiner ſi ceux qui ont aidé à faire une Priſe doivent entrer dans le partage qui s'en fait. Nous avions crû que ce point étoit inconteſtable, & que chacun y devoit avoir ſa part, ſelon ſon grade, de même qu'il avoit partagé le péril de l'entrepriſe. Mais ayant vû dans le Mercure Politique du mois de Février de l'année 1745, à l'article de Londres, qu'une pareille queſtion avoit long-tems arrêté le Conſeil de l'Amirauté, cela nous a déterminé à en dire quelque choſe. Voici le fait.

§. XII.

Le vaiſſeau de guerre le *Glouceſter* & la chaloupe le *Trial*, ſe trouvant hors d'état de tenir la mer, l'Amiral *Anſon* les fit couler à fond, après avoir fait paſſer à bord du Centurion qu'il montoit, les Officiers & l'équipage qui étoient en plus grand nombre que ceux du Centurion, & qui aiderent à prendre un vaiſſeau ennemi. L'Amiral prétendoit que les Officiers de ces deux vaiſſeaux ne devoient participer au profit de la Priſe que ſur le pied de Mariniers. Mais ils alléguerent qu'ayant expoſé leurs vies comme les Officiers du Centurion, & contribué autant qu'eux à la Priſe du navire ennemi, ils devoient avoir part au profit, de la même maniere. La Sentence de l'Amirauté n'ayant point été favorable à l'Amiral, il en appella, & le 29 de Janvier 1745, il y eut à Cockpit une aſſemblée du Conſeil. Après bien des délibérations l'affaire fut remiſe à deux jours, & l'on décida enfin en faveur des Officiers.

§. XIII.

Nous ne pouvons qu'être étonnés de voir prendre pluſieurs jours pour ſtatuer ſur un point dont la déciſion étoit ſi naturelle. C'eſt un principe du droit des gens que les Priſes appartiennent à ceux qui les font par droit de conquête, & c'est un principe d'équité que ceux qui les font aux dépens de leur vie ne soient pas privés d'un avantage qu'ils achettent si cher. Il n'est pas moins certain que tous ceux qui sont de la partie dans le tems que l'ennemi se rend, doivent avoir part au profit. Cela va si loin, que selon le sentiment de plusieurs Jurisconsultes célébres, ceux-là mêmes doivent participer au butin, qui ne se sont trouvés au combat que comme spectateurs, parce que, sans qu'ils combattent, leur présence contribue beaucoup à la victoire (*f*).

§. XIV.

D'où il s'ensuit que les Officiers doivent avoir leur part du profit en leur qualité d'Officiers, & non pas sur le pied de Matelots.

(*f*) Celebris Textus, in leg. 3, ff. de vi & vi armata.

§. XV.

Une raiſon de convenance ſuffiroit pour le prouver. Car les Officiers ſeroient bien éloignés de combattre avec le courage & l'honneur qui conviennent à leur rang, s'ils ne devoient être récompenſés que comme de ſimples Mariniers. Ce ſeroit le moyen d'expoſer l'honneur du Souverain, & ſouvent même de faire échouer l'entrepriſe.

§. XVI.

Lorſque l'Amiral Anſon fit paſſer à ſon bord les Officiers du *Glouceſter* & du *Trial*, ils avoient leurs Commiſſions d'Officier, que cet Amiral n'avoit point le pouvoir de leur ôter. Ainſi, quoiqu'on ne pût pas dire qu'ils fuſſent Officiers du *Centurion*, ils l'étoient inconteſtablement du Roi d'Angleterre. C'eſt en cette qualité qu'ils devoient être employés au combat & récompenſés.

Fin de la derniere Partie.

APPROBATION.

J'Ai lû par ordre de Monſeigneur le Chancelier, un Manuſcrit qui a pour titre : *Traité Juridico-Politique des Priſes*, &c. traduit de l'Eſpagnol de M. le Chevalier d'Abreu. Fait à Paris ce 27 Juillet 1758. MOREAU.

PRIVILEGE DU ROI.

LOUIS, PAR LA GRACE DE DIEU, ROI DE FRANCE ET DE NAVARRE, A nos amez & féaux Conſeillers, les Gens tenans nos Cours de Parlement, Maîtres des Requêtes ordinaires de notre Hôtel, Grand Conſeil, Prévôts de Paris, Baillifs, Sénéchaux, leurs Lieutenants Civils, & autres nos Juſticiers qu'il appartiendra ; SALUT. Notre amée la Veuve de François DELAGUETTE Imprimeur-Libraire à Paris, Nous a fait expoſer qu'elle déſireroit faire imprimer & donner au Public un Ouvrage qui a pour titre : *Traité Juridico-politique ſur les Priſes Maritimes, & ſur les moyens qui doivent concourir pour les rendre légitimes*, S'il Nous plaiſoit lui accorder nos Lettres de Permiſſion pour ce néceſſaires : A CES CAUSES, voulant favorablement traiter l'Expoſante, Nous lui avons permis & permettons par ces Préſentes, de faire imprimer ledit Ouvrage autant de fois que bon lui ſemblera, & de le vendre, faire vendre & débiter par tout notre Royaume pendant le temps de trois années conſécutives, à compter du jour de la date des Préſentes. Faiſons défenſes à tous Imprimeurs, Libraires & autres Perſonnes de quelque qualité & condition qu'elles ſoient, d'en introduire d'impreſſion étrangere dans aucun lieu de notre obéiſſance. A la charge que ces Préſentes ſeront enregiſtrées tout au long ſur le Regiſtre de la Communauté des Imprimeurs & Libraires de Paris dans trois mois de la date d'icelles ; que l'impreſſion dudit Ouvrage ſera faite dans notre Royaume & non ailleurs, en bon papier & beaux caractéres, conformément à la feuille imprimée attachée pour modèle ſous le contre-ſcel des Préſentes, que l'Impétrante ſe conformera en tout aux Réglemens de la Librairie, & notamment à celui du 10. Avril 1725. qu'avant de l'expoſer en vente, le Manuſcrit qui aura ſervi de copie à l'impreſſion dudit Ouvrage, ſera remis dans le même état où l'Approbation y aura été donnée ès mains de notre très-cher & féal Chevalier Chancelier de France, le Sieur DELAMOIGNON, & qu'il en ſera enſuite remis deux Exemplaires dans notre Bibliothéque publique, un dans celle de notre Château du Louvre, & un dans celle de notredit très-cher & féal Chevalier, Chancelier de France, le Sieur DELAMOIGNON; le tout à peine de nullité des Préſentes: du contenu deſquelles vous mandons & enjoignons de faire jouir ladite Expoſante & ſes ayans cauſes, pleinement & paiſiblement, ſans ſouffrir qu'il leur ſoit fait aucun trouble ou empêchement. Voulons qu'à la Copie des Préſentes, qui ſera imprimée tout au long au commencement ou à la fin dudit Ouvrage, foi ſoit ajoûtée comme à l'Original. Commandons au premier notre Huiſſier ou Sergent ſur ce requis, de faire pour l'exécution d'icelles tous Acte requis & néceſſaires, ſans demander autre permiſſion, & nonobſtant Clameur de Haro, Charte Normande, & Lettres à ce contraires. CAR tel eſt notre plaiſir. DONNÉ à Verſailles le Seiziéme jour du mois Juin, l'An de grace 1758. & de notre Regne le quarante-troiſiéme. Par le Roi en ſon Conſeil. *Signé* LE BEGUE.

Regiſtré ſur le Regiſtre 14 de la Chambre Royale des Libraires & Imprimeurs de Paris, N°. 367. fol. 327. conformément aux anciens Réglemens, confirmez par celui du 28 Février 1723 A Paris, le vingt-troiſieme jour du mois de Juin 1758,

P. G. LE MERCIER, *Sindic.*

www.ingramcontent.com/pod-product-compliance
Ingram Content Group UK Ltd.
Pitfield, Milton Keynes, MK11 3LW, UK
UKHW020913180726
13838UKWH00002B/528

9 782329 385457